子どもの「問い」で授業をつくる

「問い」を引き出し、展開させる国語授業

立石泰之 編著
実践国語教師の会 著

明治図書

まえがき

社会の在り方そのものが大きく変わるSociety5.0時代が到来しようとする現在、学習者が多様な他者と協働しながら、個別最適な学びを進めていく「令和の日本型学校教育」の構築が目指されています。そのような中、全国の教室では従来の教師主導型、一斉型の学習スタイルが見直されつつあり、個々の学習者のもつ「問い」を中心に展開する授業の在り方に注目が集まっています。

「問い」は、学習の「起点」となるだけでなく、学習の中で更新され、展開の「柱」にもなります。学習者の中から純粋に湧いてきた「問い」だけを取り扱って授業が展開できれば理想的ではありますが、実際には難しいところです。なぜなら、授業には指導目標があり、各単元で指導できる時間が限られているからです。学習者から出された「問い」をすべて取り扱っていると、話題が違う方向へ展開したり、解決までにかなりの時間を要したりしてしまうことがあります。それでも年間を通して根気強く取り組んでいくことで、学習者の「問い」や対話の様相は少しずつ、そして確実に変化していくのですが、そこまで至るには専門的力量をもった教師の継続的な指導も必要になってきます。

そこで、本書で取り扱う学習者の「問い」は、小学校国語科の指導内容へとつながるような教師の意図が含まれるものとして設定しました。そうすることで、各単元の限られた時間の中で、児童に自分たちの「問い」で授業が展開することのおもしろさを感じさせるとともに、指導内容を意識させ身に付けさせることができると考えたからです。教師は手立てを講じて、児童に指導のねらいの範疇での「問い」を自由にもたせて追究させていきます。課題やテーマの下で各児童の具体的目標が「問い」となることもあるでしょう。そうして、児童に「問い」をもって学ぶことの意味や方法を段階的に学ばせていくようにします。

本書は、二〇二三年四月から二〇二四年三月まで雑誌『教育科学国語教育』に連載した「今月の子どもの「問い」から展開する授業づくり」の内容に加筆修正を加えたものです。第1章では理論編として、国語科の各領域における児童の「問い」で展開する授業の構想の仕方や指導のポイントについて解説します。その後の第2章では実践編として、各学年における指導のポイントや一年間の教科書教材に応じた具体的な展開例について紹介しています。

児童の「問い」で展開する授業づくりを実現していくのは、容易なことではありません。実践編を執筆した先生方もまた、「問い」で展開する授業に挑み、失敗を繰り返してきました。そうして、実践の中で児童の姿から学び取ったことを言葉にしています。そうした意味でも、本書が読者の皆様の「児童の『問い』で展開する授業づくり」に向かう後押しとなれば幸いです。

立石　泰之

目次

第2章 学年別 教材の分析とポイントでわかる 子どもの「問い」を引き出し展開させる国語授業

第3学年の指導ポイント

第4学年の指導ポイント

第 1 章
子どもの「問い」で展開する国語授業づくり

1 学習者の「問い」を中心にした国語の授業づくり

児童・生徒が「問い」をもち、その「問い」を自ら追究していく中で、教科で育成すべき資質・能力を高めていけるとすれば、それは教師が追い求める理想の授業の姿であろう。国語教育の歴史においても、児童・生徒が自分の「問い」を主体的に追究する授業を実現するために、多くの教師が実践を積み重ねてきた。それらの教師は、どのように学習における「問い」を学習者に生み出させ、授業の中で扱っていたのだろうか。ここでは、「読むこと」を中心にした実践者の例をいくつか紹介したい。

「十人十色を生かす文学教育」を提唱した太田（一九六七）は、生徒がテクストに反応して書いた全員の文章を意図的に編集し、印刷して配付した。太田の作成するプリントは、生徒同士の異なる問題意識を視覚化することで対話を誘発し、さらなる「問い」を生み出した。生徒は、自分が問題にしたい文章に対して、テクストを読み直してはまた自分の意見を書くという活動を繰り返し、考えを深めていった。

青木（一九六四）は、テクストを読んで児童が示した反応（抵抗）を総称して「問題」とした。単元導入時や読解を進めていく場面等で児童に書かせた問題は、教師が、分類・整理して、プリントにして配付した。語句や注釈に関する問題は、事前に自主的に調べさせておくようにし、本質的な問題や導入場面で児童が選択した問題は、話合いの中でタイミングをねらって教師が取り上げるようにしていた。

武田（二〇〇一）は「学び方」のステップとして、〔四つの問い〕の枠組み（〔『言葉』への『問い』―どんな意味か―」、「どんな『こと』かへの『問い』―いつ、だれが、何を、どのように―」、「どんな『わけ』かへの『問い』―なぜ、なんのために―」、「全体的、構造的な理解のための『問い』―全体の『こと』『わけ』のつながり―」〕でワークシートを作成し、児童に自由に「問い」と「私の理解・考え」を書かせた。そして、全員で「問い」を検討・吟味し、それをどんな順序で解決していったらいいのかを話し合わせていった。

時代を超えて取り組まれてきたこれらの学習者の「問い」を授業の中心にしようとする実践からは、出し合った「問い」を分類・整理、選択し、学習者が対話の中で「問い」を何度も更新しながら、最終的に自分なりの言葉で考えを書きまとめていくという共通点が見えてくる。

本稿では、そのような学習者の「問い」で授業を展開するためのポイントについて考えてみたい。

2 「問い」を問う

(1) 「問い」とは何だろう

国語の学習をしていると、「次の問いに答えなさい」、「問いの文はどこかな」、「どんな問いをもちましたか」等、児童はいくつもの問いと出会う。「問い」とは何か。辞書には次のような説明がされている。

【問い】①問うこと。たずねること。聞きただすこと。質問。②問題。設問。（新村出編『広辞苑第六版』岩波書店、二〇〇八）

では、授業では誰が誰に問うているのか。教師が児童に問う場合、②のような試験の問題という形もあるが、多くは発問と呼ばれる教師からの問いかけになるだろう。テクストの書き手から読み手である児童に「〜なのだろうか」のように直接的な表現で問われる場合もある。これらいずれの場合も問いかける側は、その問いかけに対する「答え」を想定していることがほとんどだろう。

では、児童がテクストや自分に、または友達に、教師に問う場合はどうだろうか。児童が自分で仮説を立てている・いないにかかわらず、問いかける側の児童は「（確固とした）答え」をもっていない。児童は違和感を残したままの不安定な状態にある。

これから本書で取り扱っていくのは、このような学習者である児童自身が違和感や不安定感からもった「問い」である。児童が「問い」をもって授業に臨み、その「問い」を生かしながら児童自身が学びを深めていく国語科授業をどのようにつくっていけばよいのだろうか。

(2) 「問い」はどのようにして生まれるのだろう

「問い」を中心にした授業を行う場合、「問い」がどのようにして生じるのかを考える必要がある。次の問題を読んで、５秒間考えてもらいたい。

（A）「カモシカは、何の動物の仲間でしょう」

まず、ここで「カモシカとは何か?」という疑問をもった読者もいるかもしれない。その場合、問われている内容以前に、問われている対象に関する知識が欠如していることによる「問い」が生まれることになる。

（B）「では、答えを言います。答えは、ウシです」

さて、（A）と（B）のどちらの方で、読者自身の中に

「問い」が生まれただろうか。答えを知らなかった場合、多くは（B）ではないだろうか。「シカではないの」という思いが湧いたり、「だったら、なぜ名前にシカと付いているの」や「ウシの仲間ってどこで決まるの」という疑問が浮かんだり、さらには「カモってどんな意味なんだろう」という疑問にまで進んだ読者もいるかもしれない。

つまり、（A）のように教師が問題を提示しただけの時点では、児童の中にまだ「問い」は生まれていないのである。「問い」は、新しく入ってきた情報とこれまでもっている知識・経験・価値観等との間に生じたずれや葛藤、矛盾（なぜ…か、どのようにして…か、…とは何か、等）を感じたときに生じるものであり、それらを解消しようとする心の働きである。また、「問い」をもつには事前の知識が必要だということも忘れてはならない。

そして、「問い」を解決するために、新たな情報や方法を探索しよう（どのような…で、では…はどうか、等）としたり、確認しよう（…でいいのか、等）としたりするが、それらも自己に生じた違和感や不安定さの解消に向けた心の働きであり、「問い」として捉えていくこととする。

(3) なぜ「問い」が大切なのだろう

主体的・対話的で深い学びや個別最適な学びの実現が求められている現在、俄かに注目度が高まっている「問い」だが、なぜ「問い」をもつことが大切なのだろうか。

「問い」は、単に児童の学習意欲の喚起や個別化のための手段ではない。授業では何よりも児童を問い続けられる学習者へと育てていくことが大切である。人は問うことによって、新たなアイディアを生み出すとともに、自己を確立していく。何事にも「問い」をもたずに受け入れてしまえば、変革はもたらされないのである。児童には、急激に変化する世界において、自ら「問い」をもちながら人生を切り拓いていける「生きる力」を育成していく必要がある。

3 問うことの価値を実感できる授業にしていくために

(1) 子どもたちは「問い」をもてているか

読者の先生方の教室では、授業中に児童が質問することが、どれほどあるだろうか。「教師からの発問には意欲的に答えてはいるが、自分から質問することはあまりない」とすれば、なぜ児童は質問をしないのだろうか。

生田・丸野（二〇〇〇）が、小学生に対して授業中に質問をするかを調査したところ、「質問をする」、「質問を思いついているが、質問をしない」、「質問を思いつかないから質問をしない」のうち、「質問を思いつかないから質問をしない」と回答した児童が最も多かった。

「質問を思いつかない」という児童の理由は、単に「質問の見つけ方が分からないから」だけではないだろう。質問を見つけ、それを他者に問うて、話し合うことの意味や価値を児童自身が感じられていないために、質問しようという思いすらもてていない可能性もある。

(2)求められる教師の授業イメージの転換

児童が質問することの価値を感じられていないとするならば、それは指導する教師の責任となる。日常の限られた時数の中での指導で、児童に「答え」を出させることをついつい優先させ、教師が考えた計画通りに進めようとする授業では、児童は授業に対して受け身になり、教師が何を求めているのかを探ろうとするようになるだろう。

学級全体で「質問してよかった」、「考えを深める役に立った」という思いを共有する授業にしていくには、まずは、教師がもつ授業イメージそのものを変えていく必要がある。教師の頭の中の「答え」を児童に言い当てさせようとするのではなく、児童が自分の考えを見つめ直すために、「なぜ、…か」、「…ではないか」等と互いに問いかけ合いながら、自分の言葉で表現したり吟味したりする場を大切にした授業へと変えていかなければならない。

(3)変化する「問い」とその過程を共有する

では、「質問を思いついているが、質問をしない」という児童は、なぜ質問しないのだろうか。「恥ずかしい」、「面倒くさい」等のような思いの児童も少なくないと思われるが、一方で、思いついた質問を自分の中の「問い」としてもち、追究している児童もいるかもしれない。「答え」を求めようと「問い」を言葉にして他者に向けて表現するのではなく、課題意識や追究の視点として自己の中に位置付け、自己解決しようと学習に参加している場合である。また、児童が質問しない原因として、指導者の巧みな指導技術によって、児童の思考が自然と課題追究へと導かれ、自分の中の「問い」を自覚しないままに学習に参加している場合も考えられる。

問題解決に取り組んでいる児童は、自分の中で「問い」を更新していく。「問い」は固定的なものではなく、学習理解の深まりによって児童の中で変化していく。例えば、知識のない段階では言葉の意味レベルの疑問だが、おおよその内容がつかめてくると、「なぜ、…か」という「問い」

へと変化していく。そして、自分なりの考えが生まれてくると、「自分の考えについて他者はどう思うか」という「問い」へと更新されていくのである。

教師は、それらの更新されていく「問い」やその過程を大切にし、学級全員で共有できるようにしていきたい。そうすることで児童は問い方（解決に向けた視点）を学び合うことができるのである。

(4) 問うことの価値を感じさせる

授業における児童の「問い」は、目的か、手段か──。「問い」を手段とし、児童に「問い」を意識させて学習させることで、主体的に学習に取り組む態度を促し、教科理解を深めることができる。もしくは、「問い」をもてる児童に育てていくことを目的として授業を積み重ねていくことで、物事に対する見方や考え方、学び方を身に付けながら、物事の本質を見極め、創造的に生きていく力を身に付けさせていくこともできる。教師が授業における児童の「問い」を目的とするのか手段とするのかによって、授業での展開や目指す児童の姿は異なってくる。

問うことの価値を感じさせるには、単元を通して、児童が自身の「学びのストーリー（なぜ今この「問い」を解決しようとするのか、その方法は何か）」をそれぞれの場面で自覚し、情報や方法を選択・判断しながら解決できるような展開にしていく必要があるだろう。

では、どのようにすれば、児童の「問い」で展開する授業が実現できるのであろうか。児童の「問い」で展開する授業づくりに必要な「『問い』づくり」、「対話」、「書く活動」の活動のポイントについて考えてみたい。

4 授業づくりのポイント①「問い」を「もたせる」

(1)「問い」と指導目標

児童の「問い」を中心に授業をつくっていこうとする教師にとって、指導目標は悩ましい問題である。教科書の各単元には指導目標があり、その達成が教師には求められる。教師のねらいとは関連しない「問い」は、扱いに困ることもある。時間に余裕があれば、発展的に自由に「問い」を出して探究させられるだろうが、常にそのような活動を設定することは難しい。日常の授業における「問い」は、自由なようで自由ではないのである。

日常行っていく授業では、指導目標へとつながる「問い」を児童にもたせたい。児童の「問い」と指導目標をつなぐもの、それは教材（題材）である。教科書には指導目標に合った特性をもつ教材が選定されている。教師が教材の特性を分析することによって、児童の反応を予想することができる。そして、予想した反応を基に、教師の意図的な働きかけや活動設定によって、児童の「問い」を指導目標につながる範囲へと絞ることができるのである。

(2)「問い」を生み出す教師の働きかけ

児童の中に「問い」を生み出す働きかけとして、ここでは、心理学の観点から三つの方法を紹介したい。

①児童のもつ「当たり前」を覆す

児童がもつ既有の知識や考え方とは異なるものと出会わせる。例えば、「読むこと」における初読の段階で、児童は、知らなかった情報や思わぬ方向への物語の展開と出会う。事前に教師が全体で予想させておくことで意外性を高め、「なぜ…なのか」等の「問い」を共有することができる。指導目標につながる「問い」にするには、児童の実態から、教師がどのように予想させるかが重要になる。

②パターンに当てはめさせる

事前にパターンを学習させ、それが次のものに当てはまるかを考えさせる。例えば、一つの説明的文章で「頭括型・尾括型・双括型」という筆者の主張の述べられ方のパターンを学んだ児童は、次の文章を見て「どのパターンだろう」と考えたり、一つの段落で文の並び等を学んだ児童は、次の段落でも「これも同じかな」と予想したりする。

ときには、既習のパターンに当てはまらないものを提示することで、「どういうパターンといえるか」と自分で新たなパターンをつくり出そうとする「問い」へと更新させることもできる。

③相違（共通）点に気付かせる

個々の児童の考えを出し合わせ、全員が同じ考えではない（同じ考えである）ことに気付かせる。個人で考える際には自分とは異なる考えに気付くことはできない。互いに考えを出し合うことで、初めて自分とは異質な考えと出会いのである。「なぜ…と考えるのか」と他者に耳を傾けようとするのが苦手である。多くの児童は、意見の中から論点を見出すことが苦手である。教師は、必要に応じて黒板上で分類・整理する等の支援を行うようにしたい。

また、全員が「当たり前」のように同じ意見をもつことがある。何の問題もないように思えるが、それこそが言葉のもつ機能の表れであり、「どの言葉から、全員の意見が一致したのか」を問題にしていきたい。この「問い」は、児童からは出てこない。日頃から教師が問いかけていくことによって、児童の視点へと変えていきたい。

(3)「問い」の共有と選択

授業では個々の児童に「問い」をもたせるだけでなく、それらを一覧にする等して共有し、「問い」の視点を学び合わせたり、選択する等して吟味させたりすることが重要となる。以前調査を行った際、物語を読んだ児童に「問い」を出し合わせて、個人で考えたいものとみんなで話し合いたいものをそれぞれ選択させたところ、その重なりは55%となり、みんなで話し合いたい「問い」はいくつかに集中した。児童の中で自分が考えたい「問い」とみんなで話し合いたい「問い」は区別されており、話し合って楽しかった学習経験の積み上げによって、話し合うべき「問い」の基準のようなものが共有されていくのだと考えられる。また、児童は、友達がつくった「問い」に刺激されて、追究する「問い」を変更・修正したり、考えを深めたりする。学習が進む中で、一人の児童に自分やグループの考えを全体に問いかけさせる場を設定したところ、全体の「問い」として共有され、教師が発問する場合よりも話合いが活性化する場面も数多く見られた。

「問い」の共有と選択を通して、個人の「問い」から集団の「問い」へ、そしてまた最後に、個人の「問い」へと展開させるようにしたい。

5 授業づくりのポイント②「問い」の追究における対話

(1)対話による理解の深まり

対話とは何か。多田（二〇〇六）は、「言語や非言語により、相手とコミュニケーションを行い、共有できる価値観や概念を生み出していく行為」と説明している。対話の相手には、他者、自己、テクスト等があるが、本稿では一緒に学習する級友や教師との対話とする。

「問い」を追究する学習において、対話は欠かすことができない。対話では、話し手が聞き手の反応や質問等から自身の考えをモニタリングし、その役割が交互に入れ替わっていくことで、説明が精緻化され、互恵的に理解を深めていく。また、他者の異なる視点や利用可能な知識から、自分の曖昧な点を意識したり理解を深めたりしていく。対話を成立させるには共感的な風土が必要であり、そのような風土の中で異なる考えを認め合い、共有することができる。「問い」の視点や解決に向けた考え方等についても、対話を通して互いに知識や経験を共有することで、個々の児童に内化されていくのである。

(2) 対話の目的を意識させる

対話の場面で、児童には話題だけでなく、話し合う目的も意識させたい。学習場面における児童同士の対話では、主に次の三つの目的が考えられる。

ア　選ぶ…　複数の意見の中から、一つを選択しなければならない場合。児童は、いくつかの同じ観点からそれぞれの意見を比較する必要がある。

イ　まとめる…　複数の意見をグループの意見として一つにまとめる場合。児童は、それぞれの意見のよさを統合したり共通点を抽出したりすることになる。

ウ　取り入れる…　他者の意見の根拠や理由を聞いて、自己の考えに付加したり意見を修正したりして、個人で考えを見直していく。

学習の中に位置付けられたそれぞれの対話の場面で、これらのような目的を児童が共有することで、「自分（たち）の考えをどうするための対話か」が意識され、他者の意見に対する聴き方・話し合い方が変わってくるのである。

(3) 相手による対話の難度の違い

ペアやグループ、学級での話合いを設定する際の重要な視点の一つに、どのような他者と対話させるのかがある。児童の思考（学習）過程や児童の実態に応じ、対話をどのような規模や相手で行わせるのかを考えなければならない。

具体的には、それぞれの児童がどのような「意見」、「具体的な『問い』」、「テーマ」を選択したのか、それらが同じ相手なのか、違う相手なのかによって対話の難度は変わってくる。

同じ「意見」の児童同士の対話では、限定された範囲の根拠や理由のやりとりになる。また、同じ「具体的な『問い』」を選択した児童同士の対話では、意見が異なる場合もあって、やりとりする根拠や理由の範囲も広がってくる。そして、同じ「テーマ」を選択した児童同士では、それぞれがもった「具体的な『問い』」が異なることもあり、さらに広い範囲での抽象的な思考が求められることになる。「意見」、「具体的な『問い』」、「テーマ」が異なる相手との対話になると、同じ場合に比べてそれぞれまた難度が高くなってくる。

「読むこと」の授業で一例を挙げると、同じ「具体的な『問い』」を選択した児童同士のグループで対話し、個々の児童で考えを明確にする。その後、学級全体で異なる「具体的な『問い』」を選択した友達との話合いを通して文章全体を捉え、それぞれがさらに理解を深めていくという展開が考えられるだろう。

(4)「問い」を更新させる問いかけ

対話を行っていると、相手の意見を聴く児童のその場の反応によって、「問い」が次々に更新されていく。児童には、対話によって互いの考えが深まるように、視点を転換する次のような問いかけ方を日常的に指導しておきたい。

ア「(まとめると)…ってこと?」「でも、…じゃない?」
相手の考えに対してまとめる・言い換える等したり、違う考えを示したりする際の問いかけ。

イ「そもそも、…って?」
その話題の前提となる事柄について考え直す問いかけ。

ウ「(もし…)だったら、…じゃない?」
違う状況や相手の考えを「答え」として仮定したときに、予想されることや矛盾に対する問いかけ。

このような問いかけを発達段階に応じて、教師自身も日常的に意識して働きかけ、児童に互いに考えが深まる実感をもたせていきたい。そして、問いかけ方を学級全体でネーミングする等して共有していくようにする。

また、「問い」の対話の場は、できれば児童からの求めに応じて設定していきたい。そのためには、日頃から教師が必要な場面で、「友達との話合いが必要ですか」、「どんな相手と話したいですか」と児童に判断を問うていく必要があるだろう。

6 授業づくりのポイント③
「問い」の追究における思考や学びの自覚を促す「書く活動」

(1)「問い」の追究における「書く活動」

ここでは、テクストとの対話、自己との対話へとつながる書く活動について考えてみたい。

秋田(二〇〇二)は、Hayes, J & Flower, L. S. (1980)による図を基に、文章を書く過程では、書く内容のモデルをつくる「計画」、実際に言葉にして書いていく「翻訳」、知識や計画と照らしてよりよい表現を探して文章を見る「推敲」の三つの過程があり、モニタリングしながらその三つの過程を何度も行きつ戻りつすると述べている。書き手は、課題や条件の下で、何をどのように書くかを決め、同時に自分で吟味・見直ししながら書き進めていくのである。

「問い」を追究する児童にとって、書く活動は、それぞれが自分の「現在地」を確かめる作業となる。その時々の疑問や考えについて、自分で選択し吟味した言葉で言語化していくことによって、改めて自分が疑問に思っていることや考えていることに気付かされていく。また、そこから新たな「問い」が生み出されることも少なくない。

(2)自己内対話による追究を促す「書く活動」

吉田昌平教諭（福岡県公立小学校）は、児童が「問い」について話し合う前の自分の考えをつくる段階で、自問自答を書く活動を設定している。以下は、「ごんぎつね」を読んだある児童の自問自答の一部である。この児童は、「兵十のおっかあが死んだとき、ごんはどんな気持ちだっただろう」という「問い」を追究し、「ごんはざいあくかんをもって悲しい気持ち」という最初の考えをもっていた。


?そもそも、うなぎをかってにとらなかったらいいのでは。

↓　自分かってにくせでとってしまった。

?だったら、兵十がなぜうなぎをとりにきたか考えればよかったのでは。

↓　いたずらでしたことだから、考えるよちもなかった。

（中略）

?でも、加助は神様がくりなどをくれたと言って、ごんは「へえつまらない」と思ったのに、まだくりなどをあげつづけているのはなぜ。

↓　つまらないと思ったけど、兵十のおっかあへのつぐないは、ごんの中でまだたりてなかった。

?でも、ごんは、いわしをあげてから毎日毎日兵十の家にくりなどをとどけていたので、もうつぐないは終わったのでは。

↓　でも、最初のいわしは、つぐないにならずに、もっとつぐなわなければと思ったから。

?でも、いわし以外は毎日毎日あげているんだよ。

↓　だけど、うなぎといわしのことはどうしてもつぐなってもつぐなってもつぐなったとは感じない。


自問自答の中で、児童は何度も本文を読み返し、テクストと対話しながら、「問い」を決め、「答え」を吟味することになる。この児童は、「問いをふやしていくと、問いの答えがだいぶ変わって」いったと答えていた。自分の中に他者を置き、モニタリングしながら自問自答を書いていくことによって、ごんの心情に対する深い追究が生じ、自分の考えに対する新たな気付きが生まれたのだと考えられる。

⑶自己の学びを整理する「書く活動」

「問い」についての話合いを終えた後、児童は現時点で見つけた自分なりの「答え」をまとめることになる。その際、教師が次のような文章の大まかな「枠組み」を示してやることで、児童は自分の思考過程や学びをふり返り、その内容を言語化することに集中することができる。

> 今日の学習では、（「問い」）について考えました。わたしは、最初に…（結論）…と考えました。わけは、…（根拠）…から、…（理由）…と思ったからです。
> そして、〇〇さんと話をしました。…
> 話し合って、わたしは、（やはり・少し変わって・全く変わって）…と思いました。わけは、…（根拠・理由）…からです。（新しく生まれた「問い」は…です。）

児童は、（やはり・少し変わって・全く変わって）を選択しながら自分の考えの変容についてふり返ることになる。書いた文章に対しては、必ず教師や友達からのフィードバックを行い、価値付けをする。それを学級通信やタブレット等で配付することで、「問い」を追究する文章モデルを学級全体で共有することができる。

ここまで児童の「問い」で展開する授業づくりに必要な三つの活動である「『問い』づくり」、「対話」、「書く活動」について述べてきた。では、実際に「話すこと・聞くこと」、「書くこと」、「読むこと」のそれぞれの領域では、どのような点に留意していけばよいのだろうか。それぞれの領域における授業づくりのポイントについて考えてみたい。

7 「話すこと・聞くこと」の単元における「問い」の追究

⑴児童がもつ二つの目的から生まれる「問い」

「話すこと・聞くこと」には、「話すこと」、「聞くこと」、「話し合うこと」がある。児童は、「話すこと」の指導で、スピーチやプレゼンテーション等の一方向型のコミュニケーションについて学び、「話し合うこと」では、双方向型で話し手と聞き手が入れ替わりながら行うコミュニケーションについて学ぶ。

「話すこと・聞くこと」の単元において児童が活動する

のには、二つの目的がある。一つは、「…について〇〇に伝えたい」、「…について話し合う必要がある」等のようなコミュニケーションを行うこと自体の目的、もう一つは、「今よりも相手に分かりやすく伝えられるようになる」、「今よりもみんなが納得できる話合いができるようになる」等のような自分（たち）のコミュニケーションを改善していく目的である。教師は、児童の発達段階や話題、設定する活動等に応じて、二つの目的のそれぞれを単元のどの段階で意識させ、児童の中にどのような内容や方法の「問い」が生まれるのかを考えて、単元を構想する必要がある。

例えば、単元の導入場面で、児童に自分が好きな場所について学級のみんなに紹介することを教師から伝える。すると、児童は「私は、どこをみんなに紹介しようかな」と個々に発信の内容に関する「問い」をもつ。次に、「どのようにすれば、私の好きな場所がみんなに分かりやすく伝わるかな」と伝え方に関する「問い」をもつことになる。

また他にも、これまでの自分たちの話し合い方の課題を共有し、「どのように話し合えば、みんなが納得するような話合いができるのだろう」という課題の改善に向けた「問い」から学習をスタートさせる場合もあるだろう。

(2)活動モデルの分析による評価の観点の共有

児童が「どのようにすれば…」という指導目標につながる伝え方・聞き方・話し合い方に関する「問い」をもつことができたら、その解決に向けた話合いを行っていくことになる。それぞれの児童の発表の姿やメモの取り方、話合いの姿を出し合い、学級で目指すべき伝え方・聞き方・話し合い方について全体で設定していく方法もあるが、限られた時数の中では、その時間を設定するのが難しい場合が多い。

そのような場合は、教科書に掲載されている活動モデルを活用して分析する。活動モデルのよさを全員で分析する際には、「…したらよい」と方法のみを取り上げるのではなく、「なぜそうすることがよいのか」という理由まで考えさせたい。そうすることで、学級で目指す伝え方・聞き方・話し合い方だけでなく、その「意味」を共有することができる。また、発表やメモ、話合いを行っていく中で、さらに具体的なポイントやよりよい方法が児童から出された場合は、それらを随時追加し、自分たちでモデルをつくる実感をもたせたい。

全員で共有した学級で目指す伝え方・聞き方・話し合い方は、そのまま自分たちの活動を評価する際の観点となる。

児童の発達段階や学級の実態に応じて、評価の観点を絞ったりグループごとに選択させたりしてもよい。

(3)自己評価・相互評価による見直し

児童は、実際に発表の練習やメモ、話合いを行っていく。そこで重要になるのが、全体で共有した評価の観点を基にした自分（たち）の活動に対する評価・見直しである。評価活動を挟むことによって、自分（たち）が抱える課題を知るとともに、評価の観点を意識して活動するようになる。また、「(自分の課題となっている点）…を改善するにはどうしたらよいのか」という個別の「問い」へと更新されていく。

しかし、児童が発信・メモ・話合いに集中して取り組んでいる場面では、自分（たち）の伝え方・聞き方・話し合い方を自己評価することは困難である。そこで、記録した音声や動画を見返したり、友達や別のグループと相互に評価したりする活動が必要になる。

山元（二〇一六）は、言語コミュニケーションの本質は、表面的スキルで捉えられるものではなく、自己と他者が所属する共同体内の関係の問題へと拡張されていくことにあると述べる。児童には、自分たちが感じる友達との通じ合いや共感、ともに探究する喜びの実感を大切にしながら、「問い」の追究をさせていきたい。

8 「書くこと」の単元における「問い」の追究

(1)書いて伝える「意味」や「価値」を感じさせる

人に伝えるために書くことは、書き手が課題や条件の下で、何をどのように書くかを決め、同時に自分で吟味・見直ししながら書き進めていく問題解決過程そのものである。書き手は、自分の中で、書こうとすることと実際に記述したことを何度も照応し、行きつ戻りつを繰り返しながら自分の表現を探していく。だから、書くことは苦しく、楽しい。そのような書く活動に、児童に「問い」をもたせて取り組ませるには、どのようにすればよいのか。

まず、児童自身に目的意識、相手意識をもたせることが重要である。「その相手」に対して、自分が書いて伝えることの「意味」や「価値」を感じさせる必要がある。そのために、「自分は知っているけれど、相手はそのことについてよく知らない」という情報差（インフォメーション・ギャップ）が生じる状況をつくり出したり、利用したりする。情報差があると、児童は伝えることの意味や価値を感じ、「伝えたい」という意欲をもつ。低学年でよく設定されるような個人的なこと（好きなこと等）を伝える場合は、本人しか知らないため活動を設定しやすいが、中学年以降の学習で調べたこと等を伝える場合は、相手がどのような情報を知らず、必要としているか等の状況を知る必要がある。教師はそのことを意識して、単元の導入段階を計画することが重要である。

(2)主体的な「書く活動」へといざなうために

「書くこと」では（「話すこと・聞くこと」と同様に）、表現力だけではなく、各学習過程で必要な資質・能力の育成が求められる。どの学年においても、児童は単元を通した書く過程の中で、「何を伝えるか」、「どのような情報を集めるか」、「集めた情報の中から何を選ぶか」、「どのように組み立てるか」、「どのように表現するか」というように「問い」を更新しながら、思考・判断・表現していく。その際には、次の三点を大切にさせたい。

ア　文種意識をもたせる

教科書単元は、系統的に多くの文種を学べるよう設定されている。課題意識をもった児童の「〇〇文は、どのように書けばよいのか」という「問い」に対し、教科書掲載のモデル文の分析を通して、「記録文には、記録者、日時、経過（結果）、考察等が必要だ」というように、文種に応じた書き方を発見させ、学習した文種に応じた書き方を積み上げさせていくようにしたい。反面、モデル文があることで安易な模倣に陥らないよう、教科書とは異なる題材のモデル文を提示する等の教師の工夫が必要だろう。

イ　見通しをもたせる

限られた時数の中で、「いつまでにどの過程まで進んでおかなければならないのか」、学習計画を立てる段階で見通しをもたせておく必要がある。個々の児童で自分の書く内容に応じた活動計画を立てるようにし、活動の進行具合について自己評価する場を設定してもよい。

ウ　書いて発信することへの責任をもたせる

個々の児童が責任をもって書く活動に取り組めるようにしたい。そのために、書く過程の中でグループで協働する場面と個別に活動する場面の設定を工夫する。例えば、似たテーマや課題でグループをつくって協働で取材をするが、個々で内容を分担して活動したり、推敲場面や報告場面で、それぞれが書いた文章を違うテーマや課題を選択した相手に読んで伝えたりして、調べた内容や表現の工夫について自分で正しく説明する活動等を設定する。

⑶単元における「推敲」「共有」の位置付け

学習指導要領における「書くこと」の学習過程では、「推敲」と「共有」が最後に位置付けられているように見えるが、実際の単元ではそれぞれの過程に位置付けていくようにしたい。推敲の観点には、巨視的な観点と微視的な観点がある。巨視的な観点での推敲には、主題の選び方から材料の集め方、文章構成の仕方等があり、微視的な観点での推敲では、文の分かりやすさ、誤字・脱字の有無等が問題になる。

書き手である児童には、それぞれの過程に応じた観点で、どのような内容や書き方がよりよいのか、常に推敲が求められる。ときには、再取材が必要な場合もあるだろう。各自が推敲を行う中で、友達に相談したり、友達の考えを参考にしたりできる共有の場を設定する。そうすることで、児童は安心して活動に取り組めると同時に、友達とは違う自分だけの文章表現を追究しようとするようになるだろう。

ここまで「問い」を中心にした「書くこと」の単元づくりで留意することについて述べたが、授業で文章表現の質を高める前に、日常的に楽しみながら児童に書き慣れさせておくことも重要であることを付記しておきたい。

9 「読むこと（説明的文章）」の単元における「問い」の追究

⑴「問い」が生まれにくい説明的文章

説明的文章とは、「出来事や事柄に対する内容や考えが正しく伝わるように、論理の筋道を立てて言葉を連ねた文章」（田近・井上、二〇〇九）である。「内容や考えが正しく伝わるように」書いてあるのだから、文章を読むと、読み手は読めたつもりになり、納得したり共感したりしてしまう。つまり、通常、説明的文章を読んでも読み手の中に「問い」は生まれにくいのである。

また、説明的文章の学習では、書かれている事柄（内容）だけでなく、その述べられ方（形式）に対する理解も求められる。教材文を一読した児童にとって、内容に対する感想や疑問等は浮かびやすいが、文章の述べられ方に関する感想や疑問は、学習経験を重ねて文章に対する観点をもった児童でなければなかなか生まれないだろう。

(2)説明的文章における推論的読み

では、読み手は、説明的文章をどのように読んでいるのか。間瀬（二〇一七）は、推論を説明的文章の読みの学力と位置付け、推論的読みについて次のような大まかな類型を示している。

A　橋渡し推論によって、明示された命題間の関係を補って理解する過程

B　明示された命題間の関係を論証的な関係としてとらえながら、さらに暗黙の前提を精緻化推論によって補って理解する過程

a　説明の対象となる事象の状況の細部を補う推論

b　論証の導出における前提を補う推論

c　読み手が問題を設定し解決する推論

読み手は、橋渡し推論で文と文の意味内容の整合性を確立していき、精緻化推論で文章に明示されていない事象の状況の細部や論証の導出における前提等の情報を補いながら詳しく理解していく。そして、筆者の科学的説明における正当化の過程や価値的主張に向けての論証をたどっていくのである。

説明的文章教材で児童の「問い」を引き出して単元を展開させていくには、読みの過程における推論を児童自身が自覚し、その妥当性を問い直していくような活動が必要になるだろう。

(3)課題達成型単元における展開

説明的文章教材を取り扱いながら児童の「問い」を中心に展開させる単元には、大きく二つのタイプが考えられる。課題達成型単元と「評価読み」型単元である。

課題達成型単元は、説明的文章を読んで、読み取った情報や表現形式等を活用して表現することを単元のゴールに設定することで、追究の観点（「問い」）をもって児童が活動する単元である。説明的文章教材を基にした課題達成型単元には、次のような三つの活動が考えられる（単元によっては、それぞれの活動を組み合わせて設定している場合もある）。

ア　必要な情報を取り出して別の表現に再構成する活動

イ　教材文の形式を参考にして、別の内容を表現する活動

ウ　複数の教材文から必要な情報を選択してまとめる活動

単元では、課題の達成のために児童が自分たちの推論的

読みを問い直すような活動の仕組みをつくることが重要になる。例えば、「じどう車くらべ」（光村図書1年下）で、教材文の問いの文の「しごと」と「つくり」の観点を使って、各児童が自動車図鑑のページを作成する活動を設定する。その活動を児童が自分で行えるようにするには、教材文を読む段階で、各事例の「しごと」と「つくり」を取り出し、図鑑を作る活動を経験しておく必要があるだろう。

その際、児童に「しごと」の言葉、「つくり」の言葉をただ取り出させるだけではなく、その「しごと」をするために、なぜその「つくり」が必要なのかについて立ち止まり、つながりを考えさせたい。すると、児童は当たり前のように取り出していた「しごと」と「つくり」の関係について自分の知識や経験を基に説明をすることになる。このように事象の状況の細部を補いながら推論した部分の妥当性を全員で吟味することで、児童は「しごと」と「つくり」の間の「そのために」の意味を実感を通して理解する。そして、図鑑の作成場面では、自分の選択した自動車の情報を同じ観点で探して（「問い」をもって）読んでいくだろう。

(4) 「評価読み」型単元における展開

森田（二〇一二）は、「評価読み」を「「確認読み」として読み取ったもの（ことがら・内容・表現方法、論理）を、それらの妥当性や問題の有無という観点から吟味・評価することであり、また、問題があるものについては、その問題を解決する方途を探り、実際に解決、改善してみるという行為」と定義している。説明的文章に対して児童が読みの観点をもって「問い」を見出し、解決していく「評価読み」を基盤とした単元とは、どのように行うのか。

①題名読み

題名読みは、単に児童に興味や関心をもたせる活動ではない。読む前に、児童が題名から連想される知識の想起や本文の内容の予想をすることで、教材文の内容に対する読み手としての構えをもつことができる。そして、実際に読み、自分の知識や予想とのずれを感じることになる。

②課題の設定

題名読みを経て通読した後の初読の感想では、自身が感じた文章に対する「分かりやすさ」や「納得感」についての直感的な評価もさせるようにする。そして、それぞれの評価を出し合うことで違いが明らかとなり、単元を通した話合いを通して、自分の評価がどのように変容するのかを全体での学習課題としたい。

③「読み（「問い」）の観点」を基に個人で仮の考えをつくる

直感的な評価を見直すために、表1のような「読み

（「問い」）の観点」を想起する。表の作成については、一つ一つの観点を通して児童がこれまでの学習経験をふり返られるように、年間の学習を通して観点を増やしながら一緒に行っていくことが望ましい。表の観点を使い、児童が自分で文章に対して「問い」をもって読めるようになるには、それまでの学習の中で全員がその読み方を経験し、そのよさを実感しておくことが重要である。

教師から表を提示する場合には、具体的な読み方について解説や確認を行ったり、学年や教材文の特性、学習経験等に応じて、観点を選択したりする必要があるだろう。

児童は表を基に、自分が感じた「分かりやすさ」や「納得感」の程度が、本文の何に起因しているのかという点から具体的に考え、「この図があるから分かりやすいのではないか」と気付いたり、他の資料から「本文の事例では、筆者が述べる主張とつながっていない。他の事例の方が読者は納得できるのではないか」と考えたりして、追究する仮の考え（個別の「問い」）をつくっていく。その際、単に本文を批判するのではなく、筆者の存在を意識させ、筆者の意図を踏まえた上で自分の考えを書くように指導していきたい。

内容	**（※）事例の内容**	**どういうことかな？ 事例はいくつあるかな？**
	情報の適否，過不足	この内容は要るのかな？ 他にないかな？
表現	言葉	どういう意味かな？ この表現でいいのかな？
	接続詞	この接続詞でいいのかな？
	語尾	この語尾表現でいいのかな？ 事実かな，意見かな？
	図表	この図表は何を説明しているのかな？ 他にないかな？
論理	**（※）はじめ・なか・おわり**	**はじめ・なか・おわりはどのようになっているかな？**
	問いと答え	問いの文に対応する答えの文や事例はあるかな？
	文と文	文と文の意味はどのようにつながっているかな？
	抽象と具体	まとめる文と具体的な内容はつながっているかな？
	事例と事例	事例と事例のつながり方は？ この並べ方でいいのかな？
	主張と事例	主張と事例のつながり方は？ 本当にそう主張できるのかな？

表１　読み（「問い」）の観点

④ペアやグループによる話合い

ペアやグループによる話合いでは、学習経験等に応じて、話し合う相手を次のように設定する。

・各段落や話題、またはいくつかの「読み（「問い」）の観点」に絞りながら、同じ「読み（「問い」）の観点」を選択した児童同士で「分かりやすさ」や「納得感」の理由について話し合い、考えを見直す。

・文章に対する「分かりやすさ」や「納得感」の評価の程度が似ている、または、程度の差が大きい児童同士でその理由について「読み（「問い」）の観点」を基に話し合い、考えを見直す。

⑤全体での話合い

表1の（※）の項目については、全体で最初に確認したい。「読み（「問い」）の観点」を基に、「分かりやすさ」、「納得感」の順に、評価が高い児童の仮の考え（個別の

「問い」）から発表させていく（必要に応じて、段落や観点で区切りながら、全体で「確認読み」を行う）。発表の際には、「筆者の○○さんは、…と考えたと思うけど」と筆者の意図を踏まえた上で発言するように指導したい。同じ本文の箇所について異なる評価をしている場合や評価が低い理由等については、全体で話し合っていく。最後に、話合いを通して変容した最終的な「分かりやすさ」や「納得感」に対する自分なりの評価とその理由について記述させる。可能ならば、自分なりに文章を書き換えさせるようにしたい。

註：本書第2章では「評価読み」型単元例として、「天気を予想する」（光村図書5年）を用いた授業を紹介している。本教材は、児童の評価に差異が生じる特徴的な文章構成になっているため、令和六年度版教科書に不掲載ではあるが、5学年末の特設単元で扱う教材として、あえて取り上げている。

10 「読むこと（文学的文章）」の単元における「問い」の追究

(1) 「問い」を生み出す文学的文章

物語を読んでいると、肝心な場面で語り手は重要なことを語らない。最後の場面でのごんの思い、銃を下ろした場面での大造じいさんの心情―、文学的文章は、読者に「問い」を生み出す働きをする。

西郷（一九七一）は、「文学によって読者は人間について、人生について、世界について考えざるをえない問いを与えられて」おり、文学の問いには正解はなく、「それを問いつづけていくという過程（プロセス）そのもの」やその広がりと深まりに意味があるとしている。また、問いは読者一人ひとりが自分で見出し生み出すものであり、問いを見出そうとする読者にのみ、文学は問いを提示するとも述べている。

では、なぜ文学的文章が、読者の中に「問い」を生じさせるのだろうか。

(2) テクストの「喚びかけ構造」

W・イーザー（一九八二）や大槻（一九八六）は、文章には、読者の反応を引き起こそうとする「文章の喚びかけ構造」が仕組まれており、読者が作品に仕組み・仕掛けられた読者への働きかけの装置にはまりながら文学作品は成立していくとしている。その際には、読者の既有の認識が揺さぶられ、葛藤を引き起こし、新たな認識が生まれると述べているが、その文章の「喚びかけ構造」に読者は常に応じるとは限らない。読者は、テクストの〈間〉（〈空所〉）

等の「喚びかけ構造」に対し、自らの既有の知識や経験を総動員して一貫性を形成しようとするが、読者自身にもテクストへの「独自の働きかけ」があり、相互の働きかけによって、読者の中に反応が生じてくるのである。この読者のテクストに対する「独自の働きかけ」が読者の「問い」となっていく。

(3) 課題達成型単元における展開

文学的文章教材において児童の「問い」を中心に展開させる単元には、課題達成型単元と「問い」の追究型単元の二つのタイプが考えられる。

課題達成型単元は、パンフレットや紹介文等、文学的文章教材を他の表現物に書いて表したり、音読・動作化で表したりする活動に取り組み、その完成を単元のゴールに設定する単元である。児童は、教材と向き合いながら、課題の達成に向けて、どのような表現が相応しいかを話し合い、吟味していく。課題達成型単元を展開していく上では、次のような点に留意したい。

ア 課題の設定

課題達成型単元の場合、単元の導入段階で児童に活動のゴール像を明確にもたせることが重要になる。どのような内容をどのような方法で表現するのかは、単元における指導事項に大きく関わってくる。例えば、「おおきなかぶ」では、全登場人物に語り手を合わせた人数でグループをつくり、語り手の音読に合わせて動作化する活動を各グループで行わせる。そうすることで、個々の児童に「場面の様子に着目して、登場人物の行動を具体的に想像する」必要性が生まれてくる。提示する活動や活動の目標そのものが、児童が視点をもって教材を読む「しかけ」となるのである。

イ イメージの表出

児童は、課題の達成に向けてそれぞれの場面等で自分のイメージを表出し合う。その際、児童は、「私は、どう表現しようかな」という「問い」をもって教材を読む。また、互いに表現を出し合った後には、その表現の違いに対する「なぜ違うのかな」という「問い」へと更新されるだろう。教師は、考えさせたいポイントでの各グループの違いに気付かせる働きかけを行う必要がある。その後、他者の考えを取り入れるための話合いを行い、再度、自分の表現を見直す時間を設定するようにする。

教材文を別の表現に置き換える活動では、文章に書かれていることを「どのように表現すればよいのか」という「問い」が中心となり、登場人物の言動等に対して、「なぜ…なのか」という「問い」が児童の中に生まれにくい。教師が考えさせたい場面で、児童が無自覚的に共通した表現をした際に、教師から「なぜみんなは、登場人物が、そのような…と考えるのか」を問う等、必要に応じて、教師から問いかける等の働きかけが必要だろう。

⑷「問い」の追究型単元における展開

「問い」の追究型単元とは、単元全体を通して児童が「問い」を生成・選択し、その解決に向けて話し合っていく単元である。

①「問い」の生成

先述したように、文学的文章には読者の中に「問い」を生じさせる構造がある。しかし、すべての児童がすぐに言葉として表現できるわけではない。そこで、「『問い』のつくり方」（表2）を提示する。これは、Kylene Beers & Robert E. Probst (2012) の論を基にした山元（二〇一八）の「六つの道標と核となる問い」を参考にし、筆者が作成したものである。これを参考に、児童にはできるだけAからFまでの「問い」をつくるように促す。

人物	A	人物の予想外の行動から考える。	「○○は，なぜ…したのだろう。」
	B	印象に残った人物の言葉から考える。	「○○が話した…とはどういう意味だろう。」
	C	人物が変わったところから考える。	「○○は，なぜ…になったのだろう。」
設定と表現	D	物語の場面や登場人物の必要性から考える。	「□□は，物語になぜ必要なのだろう。」
	E	物語の中に出てくる印象に残った言葉から考える。	「□□とは，どういう意味だろう。」
自分	F	自分とつなげて考える。	「…自分だったら，どう…だろう。」

表2　「問い」のつくり方

②「問い」の分類と選択

各児童には自分が考えたものの中から、考えてみたい「問い」を選択させて提出させる。出された「問い」は、学年、教材の特性、時間、単元のデザイン等に応じて、場面や人物等で分類して一覧で提示する。気になる「問い」について全体で交流した後、児童に一覧の中から考えてみたい「問い」を選択させる。選択の仕方については、単元計画に応じて、全体で、または個人で選ばせたり、複数選ばせたりする。鹿嶋・石黒（二〇一八）によると、児童は自身の価値観に基づいて「問い」を選択するという。児童は、他者の「問い」を含めて選択し直す過程を通して、他者の価値観に触れ、全員で話し合うべきことに気付いたり自身が本当に考えたいことを再認識したりすることになる。

③個人で仮の考えをつくる

児童は、その後の話合いに臨むために、教材文を読み込んで、根拠となる叙述や理由を挙げながら、「問い」に対する自分の仮の考えをつくる。「仮の」としているのは、話合いによって考えが変わることを児童に示唆するためである。友達との話合いを通して、自分の考えを見直し、深めていくことの大切さを指導していきたい。個人で仮の考えをつくるために、「授業づくりのポイント③」で述べた自問自答の活動をしてもよい。困っている児童には、互いに相談できる場を設けたり、教師が話を聞いたりして支援を行う。

④ペアやグループによる話合い

ねらいに応じて、話し合う相手を次のように設定する。

・学級全体で同じ「問い」について話し合う場合、考えが似ている児童同士で考えを強化・付加したり、考えが異なる児童同士で考えを見直したりする。

・個別に「問い」を選択して話し合う場合、似た「問い」の児童のグループで、考えを強化・付加・修正する。

全員分の選択した「問い」やそれに対する考えを一覧にしておくと、互いに考えや根拠、理由を交流しやすくなる。それぞれが解決したい「問い」について相手の仮の考えを聞き、それについて互いに尋ねたり意見を述べたりする。児童は、個人では気付かなかった点に気付くとともに、それぞれが自分の「問い」や考えに関連付けて考えることができる。また、全体での話合いに向けて、明らかになったことと分からないことを確認して提示できるように準備させておくとよいだろう。

⑤全体での話合い

異なる「問い」を全体で関連付けることで、教材文全体を俯瞰できるようにし、「問い」の位置付けや意味を考えさせるようにする。ペアやグループで明らかになったことを発表したり、分からないことを全体に問いかけたりして話し合う。その際、教師は、出された意見を板書しながら、関連のある「問い」を指摘して、その「問い」について考えをもっている児童を指名したり、必要に応じて児童に問いかけたりして、一緒に考える姿勢をもつようにしたい。

ふり返りでは、「問い」に対する自分の考えの変容だけでなく、新たに考えたい「問い」についてまとめさせるようにする。

11 学習経験や学年に応じた指導のステップ

(1)学習経験や学年に応じた指導の必要性

最後に、児童が主体的に「問い」を追究できるようになるための指導のステップについて考えてみたい。指導については、学年や発達段階による話し合い方の違い、単元全体を見通せるかどうかの違い等もあるが、どのような「問い」がみんなの考えを深めるのかを知っている等、児童の学習経験を考慮しながら、段階的に行っていく必要がある。

(2) ステップ1（主に低学年）

この段階の指導は、主に低学年、または自分たちの「問い」を基に学習を行った経験がほとんどない児童に対して行う。児童には、授業は自分たちが疑問に思ったことを自分たちで解決していく場であるという考え方や疑問・「問い」をもつこと、質問することはよいことだという意識をもたせていきたい。

授業では、教師が中心となり、児童の書いた文章や発言等から単元や本時の「問い」を全体で設定したり、授業中の質問や疑問のつぶやきを拾ったりする。設定する「問い」の観点としては、「ずれ（差異）」ばかりでなく、「なぜ同じ（共通）になるのか」も大切にすることで、言葉の指示的機能への気付きを促すことができる。また、低学年は、高学年のように論理的に探索するのではなく、累積的につなげていくコミュニケーションを行う。そのため、先に結論を確認し、「なぜ全員の考えが共通しているのか」という「問い」について話し合っていく方が、話合いの方向がぶれることなく、根拠や理由が重ねられて学級全体の思考が深まっていく傾向がある。解決に向けては、「主張（意見）」、「根拠（言葉・叙述）」、「理由（解釈）」を区別する意識を育てていきたいが、低学年では無理に理由までを全員に求める必要はない。

まとめやふり返りでは、文の型を示す等して、「問い」に対する自分の「主張（意見）」、「根拠（言葉・叙述）」、「理由（解釈）」を自分の言葉で表現させるとともに、誰のどのような質問や問いかけによって、みんなの考えが深まったのかを教師や児童で出し合いたい。そうすることで、「問い」をもつことの価値やどのような「問い」がみんなの考えを深めるのかを学び合うことができる。また、それぞれが書いたまとめやふり返りは、学級通信等の形で全体にフィードバックすることで、解決の方法（観点や考え方）や表現の仕方を共有することができる。

(3) ステップ2（主に中学年）

この段階では、全体で「問い」について話し合った経験を基に、グループでの解決に向けた話合いを設定する。授業における単元や本時の「問い」については、児童から出されたものを比較・分類する等し、追究する「問い」を全体で選択して設定するようにする（様々な考えが生まれるような「問い」を選ばせたい）。話合いの前には、個人の考えをつくる時間を必ず設定する。全体で同じ「問い」について考えていくことで、教師が「問い」を具体化・焦点化しやすくなり、児童が意見をつくりやすくなる。グループでの話合いの目的が、各児童で「問い」に対する考えを形成するためならば、無理にグループで意見をまとめて発表する必要はなく、どのような意見や更新された「問い」が出されたのかを報告するようにしてもよい。教師が児童の話合いの目的を明確にして活動を設定することが大切である。全体交流では、出された意見の違いが明確になるように教師が分類したり板書したりすることで、児童の新たな考えや「問い」を引き出すことができる。

(4)ステップ3（主に高学年）

この段階では、個々の児童による「問い」の選択と追究の活動を設定する。「問い」の選択では、自身の興味・関心だけでなく、どのような「問い」が自分やみんなの考えを深める上で役に立ったのか、これまでの学習経験を基に児童が判断することになる。また、できれば、これまでの問題解決の経験から、解決への過程（単元の計画）までも全体で話し合って決定していきたい。グループの話合いでは、それぞれのグループで異なる「問い」について話し合うことになる。「授業づくりのポイント②」で示したような「問い」を更新させる問いかけを日常的に練習しておき、児童が互いに問いかけ合い、自分たちで考えを深めていけるようにしたい。全体交流では、教師や児童で「問い」を関連付けながら話し合っていくことで、広い視野からそれぞれが選択した「問い」に対する考えを深められるようにする。

【立石泰之】

〈引用・参考文献〉

・青木幹勇『問題をもちながら読む』明治図書、一九六四　『青木幹勇授業技術集成第1巻〈新装版〉問題をもちながら読む』（明治図書、一九八九）に収録
・秋田喜代美『読む心・書く心　文章の心理学入門』北大路書房、二〇〇二、95－98頁
・秋田喜代美『学びの心理学　授業をデザインする』左右社、二〇一二
・W・イーザー著、轡田収訳『行為としての読書』岩波書店、一九八二
・生田淳一・丸野俊一「なぜ小学生が授業中に質問しないのか？」『日本教育心理学会第四二回総会発表論文集』二〇〇〇
・太田正夫「十人十色を生かす文学教育：民喜「夏の花」ドーデー「スガンさんのやぎ」泰淳「ひかりごけ」の実践」日本文学協会編『日本文学』未来社、一九六七
・大槻和夫「主体的・能動的な学習に立ち上がらせるために（その二）」『教育科学国語教育』367、明治図書、一九八六
・大槻和夫編『国語科重要用語300の基礎知識』明治図書、二〇〇一
・鹿嶋真弓・石黒康夫編著『問いを創る授業』図書文化社、二〇一八
・木村勝博『テクスト論と五つの相互作用―文学的認識性を求めて』郁朋社、二〇〇三

・甲田直美『文章を理解するとは　認知の仕組みから読解教育への応用まで』スリーエーネットワーク、二〇〇九
・古賀洋一『説明的文章の読解方略指導研究―条件的知識の育成に着目して―』溪水社、二〇二〇
・西郷竹彦『虚構としての文学』国土新書、一九七一
・武田忠『自ら考える授業への変革』学陽書房、二〇〇一
・多田孝志『対話力を育てる―「共創型対話」が拓く地球時代のコミュニケーション―』教育出版、二〇〇六
・田近洵一・井上尚美編『国語教育指導用語辞典　第四版』教育出版、二〇〇九
・間瀬茂夫『説明的文章の読みの学力形成論』溪水社、二〇一七
・松本修・西田太郎『小学校国語科〈問い〉づくりと読みの交流の学習デザイン』明治図書、二〇二〇
・森田信義『「評価読み」による説明的文章の教育』溪水社、二〇一一
・山元悦子『発達モデルに依拠した言語コミュニケーション能力育成のための実践開発と評価』溪水社、二〇一六、404頁
・山元隆春「文学作品の「精読（close reading）」の方法をどのように学ばせるか？」『論叢国語教育学』14号、広島大学国語文化教育学講座、二〇一八、53－72頁

第2章

学年別　教材の分析と
ポイントでわかる
子どもの「問い」を引き出し
展開させる国語授業

第1学年の指導ポイント

表現の違いから「問い」をもち、「比べる」「具体的に想像する」思考を働かせる

[中河原絵里]

1 第1学年の教材の特徴と重点

第1学年における「読むこと」の教材では「はなのみち」や「じどう車くらべ」等、「書くこと」の教材では一年間の思い出をふり返る作文等があります。これらの教材を通して「共通、相違、事柄の順序等、情報と情報との関係について理解すること」、「登場人物の行動を具体的に想像すること」、「重要な語や文（情報）を選び出すこと」等を指導していきます。これらの指導事項から、第1学年では、言語活動を行う中で、共通点や相違点を見つけようと比較することや、文章から根拠となる言葉を見つけたり、自分の体験と関連付けたりして具体的に想像することが必要であると考えます。そこで、児童が次のような観点で「問い」を生成できるようにします。

○比べる

・同じところはどこかな。

・違うところはどこかな。どうして違うのかな。

○詳しく思い浮かべる

・○○はどんなふうに動いたのかな。（根拠となる言葉を基に正確さを求めて想像する）

・○○は何と言ったのかな。（体験を基に自由に想像する）

2 問える子にするための日常的な取組

(1) 「おなじ」と「ちがう」を見つける活動の設定

児童には、様々な活動の中で「同じところ」「違うところ」で比べて見る習慣を付けさせるようにします。自分の考えを言葉で表現することが難しいこの時期には、児童が夢中になれる日常的な活動を設定し、活動の中での互いの表現から同じところや違うところを見出す仕組みが必要です。例えば、帯の時間等で行う「おみせやさんごっこ」という活動を紹介します。スーパーマーケットで売られてい

る食材（野菜、果物、肉、魚、乳製品等）の種類の中からみんなで一つ選択し、教師がその食材の種類に関する五品のカードを端末を使って児童に配付します。そして、「この中で、三つの品物しか売ることができないとしたら、どれを選ぶ？」と問いかけます。児童は、どの商品を買ってもらえそうかを考えながら、三品を選びます。その後、全員が選んだ三品を一覧で見ながら、同じ、または似ている選択をした友達を探していきます。また、自分と違う選択をした友達に、選んだ理由を質問させます。教師は、友達との違いを見つけ、その理由について「問い」をもてたことを称賛するようにします。

(2)「しょうこみつけ」の活動の設定

根拠となる言葉や経験を基にして考えようとする習慣を身に付けさせるために、「しょうこみつけ」の活動を様々な場面で位置付けていきます。例えば、絵本の読み聞かせや生活科等の予想する場面等で、教師から正解のある選択肢を児童に与えて、それぞれの児童に選ばせ、「しょうこは？」と問うようにします。児童は自分の考えの証拠を見つける「名探偵」となり、言葉や経験等を根拠に「…だからそう思った」と自分の言葉で根拠を示しながら伝えていきます。教師は、児童が言葉や経験等の「しょうこ」を基に考えられたことを称賛するようにします。

自由に表現する環境の中から「問い」は生まれる

「書くこと」における単元で、大きな背景の絵と紙の人形（ペープサート）を与えただけで、自分たちでお話をつくり出す児童の姿に驚いたことがあります。そのときの児童は、「ねえねえ、うさぎさん、何しているの？」「そうだね、今おつかいにいっているところだよ」等、友達と一緒に、即興的に、夢中になりながらお話をつくっていました。しかし、実際に文章を書かせると、ほとんどの児童が一緒にお話をつくった友達とは異なる文章になりました。そこで、互いの文章を読んで工夫したところを尋ね合わせると、子どもたちは文章の違いを見つけながら、なぜ違うのかを夢中になって問い合っていました。

私は、１年生の子どもたちには、遊びの中で自由に発言できる環境づくりを行っていくことが重要であると感じています。児童にとっては「遊び」に熱中している状態ですが、教師が適切な支援を行っていくことで、それが集団での「学び」となっていきます。また、「遊び」には自由に表現できる環境が必要です。国語科の学習においても、子どもたちが夢中になって自由に表現し合える「遊び」の環境を整えていきたいと考えています。

おはなししよう

はなのみち

領域：読むこと
教材収載：光村図書

[中河原絵里]

1 教材の分析と予想される「問い」

児童は多くの自由な「問い」をもつ。しかし、授業では、それらすべての「問い」を取り扱うことはできない。入門期の児童には、教師の誘導や発問を通して基本的な問い方や解決の仕方を学ばせていく必要がある。

本教材は、児童が入学後に教材として初めて出会う物語文である。物語は、くまさんの視点で書かれた簡単な文章と客観的な視点で描かれる絵によって構成されており、袋の中身が花の種であったことが入門期の児童にも推論できる内容となっている。

児童は初読後、「どうして花の道ができたのかな」、「くまさんが落としたのは花の種ではないのかな」という「問い」をもつだろう。それらの「問い」を中心に、考えの根拠となる絵や文から推論したり、文脈から想像を広げたりする「読むこと」の楽しさを実感させたい。

2 単元の概要：単元計画（全3時間）

本単元では、学習への素地づくりとして、音読の練習をしながら、児童が「根拠（言葉・絵）を基に考えること」、「言葉から想像を広げること」、「授業が『問い』を解決しようとする活動であること」を学べるようにしたい。そこで、児童におもしろかったことや不思議なこと（「問い」）を聞く中で、推論した理由について話し合ったり、文脈から人物の会話を想像したりする活動を行う。

①全文を音読し、おもしろかったところや不思議に思ったところを話し合い、「どうして花の道ができたのかな」という問いの答えやその根拠について話し合う。

②第四場面において、くまさんや他の動物たちになりきって音読し、春になった場面の様子や花の道を見たときの動物たちの会話の内容について話し合う。

③読んで楽しかったことについて話し合う。

3 単元の展開

①導入（第1時）

まず、教師の範読や音読によって大体の内容の把握を促す。児童は、平仮名を覚えている最中なので、文字と音を一致させることができるように、指で文節を挟んで読んだり、役割を決めて読んだりする活動を繰り返し行う。

その後、おもしろかったところや不思議に思ったところなど感想を交流する活動を行う。その際に、場面の挿絵を指して話す場を与えると、視覚的にも考えが共有されやすい。その中で、児童から「くまさんが落としたのは花の種ではないのかな」などのような「問い」が出されるだろう（出ない場合は、教師の疑問の形で提示する）。その「問い」を教師が、「みんなはどう思う」と全体に投げかけ、全体の「問い」にしていくことで、児童に授業が「問い」を解決していく活動であることを学ばせていきたい。児童は、「そうだよ。だってね…」というように、次々に物語のあらすじを「証拠」として語り出すだろう。

ポイント！「問い」のもたせ方　児童にとって「問い」を自覚的につくることが初めてであるため、教師が一人ひとりの感想をつないだり、教師の「問い」を全体のものとして共有させたりする。

②展開（第2時）

物語のあらすじから、花の道ができるまでの経緯を確認した後は、時間の経過やそれに伴って変化した場面の様子について想像を広げて読むことができるようにしたい。そこで、教師が第四場面を指して、「先生は、動物たちが花の道を見てどんなことをお話しているのかなって思うんだけど、みんなはどう思う」という「問い」を投げかけて共有する。そして、登場人物になりきって自由に発言させたり、ペアで話し合わせたりする場を与えるようにする。

登場人物が花の道を喜ぶ様子が十分に交流できた後に、教師から、「もしかしたら、くまさんは花の種だと知っていたんじゃないの」という揺さぶりの「問い」を投げかけてもよい。ほとんどの児童は「知らなかった」と答え、「だって、くまさんは…」と、また考えの根拠をくまさんの行動や会話に着目して探そうとするだろう。

ポイント！「問い」の解決法　文脈に沿って自由に想像して読む場面や根拠を集めて推論して読む場面など、教師が意図的に設定して体験させていきたい。

③まとめ（第3時）

本単元学習を通して楽しかったことを発表させる。児童には、授業で「問い」を追究して話し合う中で、「証拠」を基に推論したり、想像したりした楽しさを共有させたい。

「はなのつぼみくいず」をつくろう

つぼみ

領域：読むこと
教材収載：光村図書

［中河原絵里］

1 教材の分析と予想される「問い」

説明文の教材を読むとき、児童は未知の事象について興味をもって読む。そして、興味をもった事柄について教材文と同じように他の事例を調べて発信する目的をもったときに、教材文の内容や構成に着目し、「必要な情報は何か」、「どのように書かれているか」という「問い」をもつ。

本教材は、三種類の花のつぼみがクイズ形式で取り上げられており、一種類の花につき五文で構成され、❶つぼみの形❷問い❸答え❹つぼみの開き方❺咲いた花の特徴の順で説明されている。「花のつぼみクイズ」をつくる活動を設定することで、児童は、「『つぼみ』のクイズの出し方はどうなっているのかな」という書き方についての「問い」をもつだろう。また、それぞれの花の説明を読み進める中で、「この花の場合も同じ書かれ方をしているのかな」という「問い」へと更新していくことになる。

2 単元の概要：単元計画（全8時間）

本単元では、「はなのつぼみくいずをつくろう」という活動を設定し、「問い」と「答え」の関係性や、「事柄の順序」について考えていく。文のつながりや順序に対する考えが明確になるように、低学年では特に文章から具体的なイメージをもつことに指導の重点を置くようにする。

①「花のつぼみクイズ」を行い、単元のめあてを考える。
②あさがおのつぼみについての説明を読み、「花のつぼみクイズ」に必要な言葉や文を見つける。
③はすについてはあさがおの例と同じような書き方がされているのかを予想して読む。
④ききょうについてはあさがおやはすの例と同じような書き方がされているのかを予想して読む。
⑤〜⑦「花のつぼみクイズ」をつくる（3時間）。
⑧「花のつぼみクイズ大会」を行う。

3 単元の展開（第1～4時）

①導入（第1時）

まず、クイズづくりに興味をもたせるために、教師が図鑑や教材文の写真のスライドなどを用いて「花のつぼみクイズ」を行う。クイズを楽しんだ児童は「自分たちも花のつぼみクイズをつくってみたい」と発言することが予想される。そこで、「花のつぼみクイズをつくろう」という単元の目標を設定する。その際、教師が用いた図鑑等をいつでも学級で読めるようにしておくことで、児童が花を選んだり調べたりするのを支援することができる。

ポイント！「問い」のもたせ方　教材文を読む前に、クイズの出し方について予想させることで、児童は、クイズに必要な情報は何か、また、どのような順序で書くとよいのかに着目して読もうとするだろう。

②展開（第2～4時）

展開段階では、一単位時間ごとに、あさがお、はす、ききょうのそれぞれの段落内の五文（❶～❺）の内容や関係を考えさせる。まず、第2時ではあさがおの段落で「⑴問題の文と答えの文はどこか」を教師から問う（❷と❸）。また、「⑵問題の文の『これ』とは何か」を尋ねることで、❶の「さきがねじれた」や写真を説明する場を設け、言葉と形状をつないで捉えさせる。「⑶❹❺には何が書かれているのか」を問いかけることで、説明が書かれていることを確認させ、「⑷❹❺は逆ではいけないのか」と教師が問うことで、児童は、具体的にイメージ（「ねじれた形」→「ほどけて、ひろがって」→「そして」→「（はなびらのつながった）まるいはながさく」）しながら、文のつながりについて説明することになる。

第3時では、前時に児童とまとめたあさがおの五文の関係から、「はすのクイズの出し方もあさがおと同じようになっているか」を予想させる。ほとんどの児童は「同じになっている」と予想するだろう。あさがおの授業と同じ流れで⑴～⑷を確認させ、話し合わせるようにする。そうすることで、第4時のききょうの場合にも、「同じクイズの出し方になっているか」や⑴～⑷が児童の「問い」の視点になっていく。

ポイント！「問い」の解決法　あさがおでまとめたクイズの出し方（五文の関係）や⑴～⑷の流れを掲示しておく。話合いの場面で、本文や写真を拡大提示したり、傘、キャベツ、紙風船の中から似ているものを選ばせたりして、つぼみの形とその開き方について指し示しながら説明できるようにする。そうして、クイズの出し方（五文の関係）を捉えさせるようにする。

くりかえしのあるおはなしを
たのしもう

おおきなかぶ

領域：読むこと
教材収載：光村図書

[中河原絵里]

1 教材の分析と予想される「問い」

本教材は、場面の繰り返しの中で、登場人物が増えていき、一緒に大きなかぶを抜こうとする様子が言葉のリズムよく描かれている。児童には、登場する人物の順序や「～を～が～（する）」という場面の様子を考えさせながら、楽しく音読させ、物語に対する想像を広げさせていきたい。

そこで、本単元では「音読劇をしよう」という活動目標を設定する。物語に対して、想像を広げて考えた会話を加えて台本を作り、音読に合わせて動作化を行っていく。場面ごとに台本作りや練習を繰り返していくことで、児童は、自分たちで「この場面で○○は、どんなことを話しているのかな」、「今度は、誰が何を引っ張っているのかな」等、場面に合った人物の会話や行動の様子についての「問い」をもって、追究することができるようになると考える。

2 単元の概要：単元計画（全6時間）

本単元では、音読劇という活動を設定し、教師が作成した台本用プリントを使って、各グループで人物の会話を書き加えたり、人物の行動や順序を確認する書き込みをしたりする活動を繰り返していくようにする。

【第一次】
①音読してみて楽しかったことやこの学習でやってみたいことについて話し合い、各グループで役割分担を行う。
【第二次】
②おじいさんがかぶのたねをまいた場面について話し合う。
③まごが一緒に抜こうとする場面までについて話し合う。
④ねこが一緒に抜こうとする場面までについて話し合う。
⑤かぶが抜けた場面までについて話し合う。
【第三次】
⑥音読劇を発表する。

3 単元の展開（第3時）

①導入

前時の各グループが考えた音読劇（おじいさんがかぶのたねをまいた場面）を動画で見せ、本時の活動に対する意欲を喚起する。本時からかぶを抜く場面に入っていくことを確認し、本時の台本用プリントを配付する。台本用プリントには、まごが一緒に抜こうとするまでの各場面の「ぬけません。」の後と「よんできました。」の後に会話文が書き込めるスペースを空けておき、教師が、「ここでは、誰がどんなことを話したのかな」のように話しながら、人物の会話を書き込んでいくことを説明する。

ポイント！「問い」のもたせ方　台本用プリントに会話文を自由に書き加えられるスペースを設けることで、児童は、その場面での人物の様子についての「問い」をもつ。

②展開

おじいさんがかぶを抜こうとする場面では、教師が会話文の考え方（状況に合わせた人物の気持ち）やプリントへの書き方を教えながら、児童にかぶが抜けなかった後のおじいさんのつぶやきを全員で考えさせる。おばあさんが一緒に抜こうとする場面では、前の場面と比べ、二つの場面のどこが違っているかについて確認する（❶）。その際、「けれども」や「それでも」の接続詞は生活のどんな場面で使うかについても考えさせる（❷）。前の場面と比較して、その場面の状況が確認できたら、おじいさんがおばあさんを呼んでくるとき、二人で抜こうとして抜けなかった後の会話を記入させる（❸）。次に、「おじいさん役とおばあさん役はどのように動いたらよいか」を問いかけて動作化させ、かぶを引っ張る際の人物の並びについて、「かぶを　おじいさんが　ひっぱって」のように助詞に印を付けて確認させる（❹）。会話文や動作化の発表では、それぞれの児童の考えを教師は大いに称賛するようにしたい。

まごが一緒に抜こうとする場面では、❶〜❹を個人で考えさせた後で、音読劇を行うグループで話し合わせるようにする。話し合った後、グループごとに、まごを呼ぶときや抜けなかった後の会話文、動作化を発表させる。教師は、接続詞や助詞について全体で確認するようにする。

最後に、本時に作った台本を基に、グループごとに音読に合わせて動作化を行い、音読劇に向けた練習をする。

ポイント！「問い」の解決法　前の場面との比較による違いから、会話文の考え方や動作化する際の助詞への着目などの活動の手順を示し、少しずつ児童自身で進められるようにする。活動の手順が、繰り返される場面を読む際の次時からの「問い」の視点となっていく。

おはなしを　たのしもう
やくそく

領域：読むこと
教材収載：光村図書

［中河原絵里］

1 教材の分析と予想される「問い」

本教材は、三匹の「あおむし」が葉をめぐって言い合うものの、大きな木の諭しによって広い世界の存在に気付き、仲直りするという起承転結で構成された物語である。既習教材「おおきなかぶ」と比較すると、会話文や様子を表すオノマトペが増えており、人物の感情や行動を具体的に想像しやすい一方で、誰の会話文なのかが1年生には分かりにくく、状況で判断しなければならない箇所もある。

そこで本単元では、グループで物語を音読と動作化を入れた劇にする活動を行う。児童は、「誰が、どんな気持ちで話しているのかな」、「どんな様子なのかな」と考えながら表現することになる。例えば、「『むしゃむしゃ』と音を出しているのは誰なのか」、「何の音なのか」等、動作化するために、児童は言葉を関係付けながら、場面の状況を表現することになるだろう。

2 単元の概要：単元計画（全6時間）

本単元では、劇に表す活動を通して、登場人物の行動や様子について具体的に想像して読むことをねらいとする。そのために、以下のように単元を構成する。

［第一次］

①全体を読んで、劇の計画を立てる。

［第二次］

②一・二場面を劇に表し、二匹のあおむしが言い合う様子について想像したことを話し合う。

③三場面前半を劇に表し、「おおげんか」になった様子について想像したことを話し合う。

④三場面後半（「そのときです」から）を劇に表し、三匹が仲直りした様子について話し合う。

［第三次］

⑤⑥練習・グループごとに発表し、学習をふり返る。

3 単元の展開（第4時）

①導入

導入段階では、前時の学習について、話し合った会話文の言い方を確認したり劇に取り入れた工夫を動画で見返したりして想起させる。その後、本時の場面（三場面後半）を音読し、本時の場面の劇で工夫したいことについて出し合う。

ポイント！「問い」のもたせ方　前時の学習で着目した言葉や工夫した動き・言い方を確認することで、児童は、本時の場面を音読しながら、どのような言葉に着目し、どのような工夫をすべきかについて「問い」をもつ。

②展開

最初に、短い時間でグループで劇を考えさせる。一グループ五人から六人とし、登場人物以外は地の文を読むようにする。教師は活動の様子を見ながら、児童に考えさせたいポイントで違いが見られるようなグループを見つける。

その後、二、三のグループに現時点で考えている劇を発表させる。その際、他の児童には「それぞれのグループの劇のどんなところが同じだったり違ったりしているかな」と投げかけて劇を見させる。発表後、児童が見つけた共通点や相違点、教師が考えさせたいポイント等について全体で根拠となる叙述を確認しながら、話し合うようにする。本時の場面においては、例えば次のようなポイントで児童に立ち止まらせて考えさせたい。

❶大きな木の言葉をどのように話しているのか。

❷目を丸くするとは、どのような様子なのか。

❸空や海を見ながら誰がどの会話文を話しているのか。

例えば、❶では、低い声でゆっくりと語るように表現する児童がいることが予想される。そのように表現する理由について話し合うことで、あおむしとは違う大きな存在としての木のイメージが共有されることになる。

ポイント！「問い」の解決法　グループ同士の劇を見合って比較させ、児童が見つけた相違点等や教師が意図的に取り上げたポイントについて、なぜ違う（同じ）表現になっているのかを考えさせることで、それぞれが感じ取ったイメージや表現の根拠となった叙述を確認する。

③まとめ

再度グループで劇を練り直す。教師は机間指導しながら、次時の導入のために、話し合った内容が表現に反映されているグループを探して、劇の様子をタブレットで録画する。その後、学習のふり返りとして、「話し合って気付いたこと・分かったこと」、「劇に取り入れた工夫」等についてそれぞれのノートにまとめさせる。

おもいうかべながら　よもう

くじらぐも

領域：読むこと
教材収載：光村図書

［中河原絵里］

1 教材の分析と予想される「問い」

本教材は、子どもたちが雲のくじらの誘いによって空の旅に出かけるというファンタジー作品である。雲のくじらと子どもたちが会話したり、子どもたち全員で手をつなぎ雲のくじらまで高くジャンプしたりする等、壮大な世界観で描かれている。児童は想像を掻き立てられ、「自分たちもこんな体験をしてみたいな」という気持ちをもつだろう。

そこで、本単元では、「『くじらぐも』の映画づくり」を行う。児童が登場人物になりきって演じ、タブレット等を用いて動画撮影を行うものである。活動を通して児童は、物語の空間の広さや人物同士の距離等を想像しながら、「子どもたちの会話はどのような口調で、どれくらいの大きさで読むとよいのか」、「みんなでどのようにジャンプするのか」等、登場人物の会話の様子や動きについての「問い」をもって追究していくこととなる。

2 単元の概要：単元計画（全8時間）

本単元では、「くじらぐも」の映画づくりに向けて、それぞれの場面での登場人物の動きや会話文の言い方について話し合いながら台本を作成していくようにする。

［第一次］

①初発の感想を交流したり、タブレットで想像画を描いたりしながら、映画づくりの計画を立てる。

［第二次］

②くじらぐもとの出会いの場面の演じ方について話し合う。
③くじらぐもに跳び乗る場面の演じ方について話し合う。
④くじらぐもと空を旅する場面の演じ方について話し合う。
⑤くじらぐもとお別れする場面の演じ方について話し合う。

［第三次］

⑥⑦撮影をする。
⑧完成した映画を鑑賞し、工夫したことを話し合う。

3 単元の展開（第3時）

①導入

前時の場面で話し合った「うごき」や「せりふ（会話文）」の言い方、想像した「かいわ」を記入した台本を基に、みんなで簡単に演じ、子どもたちの「雲のくじらと遊んでみたい」、「雲のくじらに跳び乗ってみたい」という気持ちがだんだん高まっていく様子を確認する。

本時の場面を音読し、「うごき」が必要な箇所や考えたい「せりふ」の言い方について話し合う。児童は、子どもたちの「天までとどけ、一、二、三」の言い方や動き、雲のくじらの「もっとたかく。もっとたかく」をどのように演じるかについて「問い」をもつだろう。

ポイント！「問い」のもたせ方

児童が繰り返される会話文に着目した際に、教師から「繰り返している『うごき』や『せりふ』は同じか」を尋ねることで、どのように変える必要があるのかについて「問い」をもたせる。

②展開

前半では、グループで「うごき」や「せりふ」にどのような違いを付けていけばよいのかについて実際に動いたり言ってみたりして話し合わせる。児童は、一回目から三回目にかけてだんだん声を大きくしたり、ジャンプに弾みを付けるために、膝を大きく曲げたりするなどの工夫を行いながら演じるだろう。教師は、机間指導をしながら、児童がどのような変化をもたせているのかを観察し、なぜそのように変化を付けるのかを児童に問いかけるようにする。

後半は、いくつかのグループに発表してもらった後で、全体で「うごき」や「せりふ」の言い方について話し合う。教師から、「なぜだんだん声を大きくしたらいいと思うのか」について問いかけることで、「三十センチぐらい」、「五十センチぐらい」と跳んだ高さが高くなっていることに気付かせたい。また、実際に全員で跳んでみることで、新たな発見もあるだろう。

また、付け加えたい会話についても話し合う。児童からは、「もう少しだよ、がんばろう」等の「せりふ」が出されることが予想される。

ポイント！「問い」の解決法

三十センチ、五十センチの高さを提示し、実際に全員で跳んでみることで、声と動きをそろえる必要性や「一、二、三」の間の取り方等に気付くことができる。

③まとめ

児童から出されたアイディアをまとめた板書（台本）を全員で動作化を入れて音読した後、本時の学習で発見したことや考えたことについてふり返りを書き、交流する。

くわしくかこう

しらせたいな、見せたいな

領域：書くこと
教材収載：光村図書

［中河原絵里］

❶ 教材の分析と予想される「問い」

本教材では、自分が伝えたいものについて、色や形や大きさ等、いくつもの視点から観察して、言葉で詳しく書いて伝える活動が設定されている。そこで、本単元では、児童の「伝えたい」という思いを引き出せるように、生活科「いきものとふれあおう」の学習と関連付け、「自分が学校の中で見つけた世話をしている生き物について、お家の人に文章で紹介しよう」という単元のめあてを設定する。

本単元において児童は、伝えたい生き物の紹介を書く活動の中で、次のように「問い」を更新しながら取り組んでいくだろう。

❶お家の人には、（この生き物の）何を知らせようかな（題材の設定、情報の収集場面）。
❷どのことから書こうかな（構成の検討場面）。
❸お家の人には、正しく伝わるかな（推敲場面）。

❷ 単元の概要：単元計画（全7時間）

本単元では、語と語、文と文とのつなぎ方に注意したり、内容のまとまりが明確になっているかを確かめたりしながら、伝えたい事柄について色や形を示して具体的に書くことをねらいとする。児童が❶～❸の「問い」を解決しながらねらいを達成できるように以下の活動を設定する。

【第一次】
①見つけた生き物を紹介する計画について話し合う。
【第二次】
②写真とメモで「はっけんシート」を作る。……❶
③特に知らせたい事柄を選び、短冊に書いて並べる。…❷
④伝えたい順番に沿って、文章の下書きを行う。
⑤⑥正しい文章になっているか確かめ、清書する。……❸
【第三次】
⑦友達と読み合い、選んだ事柄や順序のよさを伝え合う。

3 単元の展開（第2～4時）

①導入（第2時）

第2時では、自分が選んだ生き物について、「はっけんシート」を作る活動を設定する。「はっけんシート」とは、児童が撮影した生き物の写真の観察した箇所（目、鼻、毛等）に、色や形、触った感じ等の視点から発見したことを視点別の色の付箋等に書いて貼り付けたものである。

作成前には、教科書の文章を基に、教師が観察の視点を示しながら、視点ごとに「触った感じを表す言葉にはどんな言葉があるかな」のように尋ねる。そして、児童の経験を引き出しながら、「ふわふわ」、「ざらざら」、「つるつる」等、いくつかの例を板書する。

ポイント！「問い」のもたせ方　観察前に視点ごとにいくつかの言葉を確認することで、「私が紹介する生き物だったら、どうかな」と観察と表現への意欲を高める。

②展開前半（第3時）

第3時では、前時に作った「はっけんシート」の中の項目から、特に知らせたい事柄を選び出し、短冊に「～は～です（ます）。」等の短文で表し、並べる活動を設定する。活動前に、児童が選ぶ内容や手順が分かるように、教師が黒板上で「はっけんシート」の項目から書きたいものを選び、観察した箇所ごとに色の違う短冊に書いて並べるまでを提示する。その際には、主語が抜けていたり、助詞が抜けていたりする短冊を事柄のまとまりになっていない状態で提示し（例：「黄ダンゴムシ、はいいろです。青あしをたくさんあります。黄かたくてつるつるです。」）、何かおかしなところはないか問いかける。その後、正しい文の短冊を事柄のまとまりごとに並べて提示し（例：「黄ダンゴムシのからだのいろは、はいいろです。青足は、たくさんあります。黄さわると、かたくてつるつるです。」）、児童に文章の違いを考えさせる。そうすることで、語と語、文と文とのつなぎ方に注意したり、内容のまとまりを意識したりして活動することができるようになる。

ポイント！「問い」の解決法　それぞれの児童が短冊に書いて並べた後で、ペアの友達と声に出して読む活動を設ける。そうすることで、書いたときには気付かなかった必要な語句や助詞の抜け等に気付かせる。

③展開後半（第4時）

前時までに伝えたい事柄の順序が決まったら、それを伝わるように正しい文章で表す場面である。用紙の中に、チェック項目（書き出しは一マス下げているか、「点」や「丸」は付いているか等）を設けると、文章を見直しながら書くことができるであろう。

じどう車ずかんをつくろう

じどう車くらべ

領域：読むこと
教材収載：光村図書

[中河原絵里]

❶ 教材の分析と予想される「問い」

本教材では、自動車の「しごと」と「つくり」が、「問い」と「答え」の関係になっている。「しごと」と「つくり」をつなぐ接続詞として「そのために」が使われており、「しごと」と「つくり」の関係について経験や知識等と結び付けながら読むことが必要になる。そこで、児童が「❶問いの文に対する答えは何だろう」、「❷この『しごと』をするために、どうしてこんな『つくり』になっているんだろう」という「問い」をもって読むことで、それぞれの自動車が担う「しごと」をするために必要な「つくり」があることを文と文とのつながりに着目して読むことができる。そこで本単元では、「教科書の本文につながる『じどう車ずかん』を作って友達と紹介し合おう」という書く活動と関連付けためあてを立て、「しごと」と「つくり」の関係について話し合う活動を設定する。

❷ 単元の概要：単元計画（全7時間）

本単元は、「自分が選んだ自動車の『しごと』と『つくり』を知らせたい」という思いから、教材文に対する❶❷の「問い」を引き出し、自らその解決に臨めるようにする。

[第一次]

①教材文を読んで問いの文について確認し、「じどう車ずかん」を作るための計画を立てる。

[第二次]

②バスや乗用車について「しごと」と「つくり」を考え、その関係について話し合う。

③トラックについて②と同様に話し合う。

④クレーン車について②と同様に話し合う。

⑤⑥選んだ自動車の「しごと」と「つくり」をまとめる。

[第三次]

⑦できた「じどう車ずかん」を友達と読み合う。

❸ 単元の展開（第2時）

①導入

第2時では、「バスやじょうよう車」について問いの文に対する答えとなる「しごと」と「つくり」、その関係を考えることをねらいとする。導入段階では、「バスやじょうよう車」の部分の「❶問いの文に対する答えは何だろう」という「問い」を提示し、見つけようとする意欲を高める。

ポイント！「問い」のもたせ方　教科書の本文につながるページを書こうという思いをもたせることで、「どのように書かれているんだろう」「問いの文に対する答えをどのように書けばいいんだろう」という「問い」が生まれる。

②展開

まずは、問いの文に対する答えとして、「バスやじょうよう車」の「しごと」と「つくり」を見つける。「しごと」については、「～は、～しごとをしています」という文の形に着目させ、その中で、児童の「バスやじょうよう車」に乗った体験を基に、どちらも、人が目的地に向かうために使うことを捉えることができるようにする。「つくり」については、「ざせきのところが、ひろくつくってあります」と「そとのけしきがよく見えるように、大きなまどがたくさんあります」の二つの「つくり」があるということを、挿絵を指しながら発言させる。次に、つなぎ言葉である「そのために」に着目させ、「❷この『しごと』をするために、どうしてこんな『つくり』になっているんだろう」という「問い」を提示する。話合いの中で、教師から「この『つくり』が（で）なかったらどうなのか」という発問を投げかけることで、「座席のところが狭かったら、快適に過ごせない」や「窓がもし少なかったら、景色を見られずに退屈してしまう」等、自分の体験を基に、「人をのせてはこぶ」という「しごと」に対応する「つくり」の必要性について気付くことができるようにする。このことが、自分が「じどう車ずかん」を作る際の「しごと」に対応した「つくり」を見つける視点につながる。

ポイント！「問い」の解決法　「この『つくり』が（で）なかったらどうなのか」という発問によって、児童の体験を基に、その「つくり」の必要性を発言する場を設定する。

③まとめ

バスや乗用車の「しごと」と「つくり」、その関係について自分の言葉でまとめる場を設定する。さらに、次の段落で取り扱われているトラックについても、同じように「しごと」と「つくり」が書かれていて、「しごと」に合った「つくり」が書かれているのかを投げかけることで、次時の❶❷の「問い」へとつなげる。

すきなところを見つけよう

たぬきの糸車

領域：読むこと
教材収載：光村図書

［中河原絵里］

1 教材の分析と予想される「問い」

1年生の後半になると児童は、物語を読んで抱いた感覚的な「好き」「楽しい」などの感情に、理由や根拠を付けて発言する力が身に付いてくる。そこで、この期に想像したことを基に、児童が自分の感想をもつことをねらいとした学習を行う。本教材では、人物の行動の様子がオノマトペを用いて描かれており、児童が楽しみながら音読や動作化を行うことを通して場面の様子を想像することができる。また、場面ごとのたぬきやおかみさんの行動の理由を想像することで、人物に対する印象は大きく変わってくる。

そこで、好きな場面の人物の行動を紹介する活動を設定する。そうすることで、「私は、どの場面の誰がいいかな」という「問い」をもち、各場面の登場人物の行動に着目するとともに、「この場面の○○のどんなところがいいのかな」と読者として感想をもつ意識が働くだろう。

2 単元の概要：単元計画（全5時間）

本単元では、読んで気に入った場面の人物について、音読や動作化を行う中で、想像したことを根拠にして感想をもつことをねらいとする。

［第一次］

①初読の感想を発表し合って「音読や動作化をしながら、どの場面の人物が好きかを見つけて紹介し合う」という活動目標を共有し、全員で単元計画をつくる。

［第二次］

②～④場面ごとに音読や動作化を通して人物の行動の様子や理由を話し合い、いいなと感じたところを見つける。

［第三次］

⑤これまで読んだ場面の中から、好きな場面の好きな人物を一人選び、場面の様子を根拠として示しながら、グループで紹介し合う。

3 単元の展開（第4・5時）

①導入（第4時）

導入段階では、初発の感想で本時学習する場面を好きだと書いた児童の感想をいくつか紹介し、全員に「今の段階で、この場面でいいなと思う人物は○○だ」という立場をもたせる。みんなで登場人物二人の動きや表情、口調等の様子を考えながら、最後にどの人物をいいなと思うかを見直していくという活動の見通しを確認する。

ポイント！「問い」のもたせ方　本時の場面を好きだと書いた児童の初発の感想を紹介して予想させたり、自分がこの場面でいいなと思う人物を最初に答えさせたりして、「どこからそう思うのか」について「問い」をもたせる。

②展開（第4時）

まず、音読を聞きながら、自分がいいなと思った人物の行動や様子の箇所に線を引かせる。ペアで線を引いた箇所を紹介し合って音読や動作化をしながら、どうしてそこをいいなと思ったのかについて話し合う。その後、全体で自分が線を引いた箇所を出し合い、いいなと思った理由について全員で音読や動作化をしながら話し合う（「たぬきは、ぴょこんとそとにとび下りた」表情や様子、「うれしくてたまらないというように、ぴょんぴょこおどりながらかえって」いく行動、「おかみさんがのぞいている」ときの表情等）。その中で必要に応じて、教師から「どうしてたぬきは、糸をつむいでいたんだろう」や「おかみさんはどんな思いでたぬきのことを見ていたんだろう」等、問いかける。話合い後、児童に「いいなと思った人物」、「その理由（人物の行動や様子、それを自分がどう思ったか）」でふり返りを書かせる（例：「たぬきがすきだった。だって、おかみさんがよろこぶように糸をつむいでつみかさねていたところが、やさしかったから」）。

ポイント！「問い」の解決法　いいなと思った人物の行動や様子に線を引かせ、まずはペアで音読や動作化をしながら紹介し合うことで、想像したことを明確にし、説明できるようにする。全体の話合いでは、必要に応じて教師から人物の行動の裏にある気持ちについて問いかける。

③まとめ（第5時）

第5時では、児童がこれまで読んできた場面を想起しながら、改めて一番好きな場面の一番好きな人物は誰かを考え、理由を付けてまとめさせる。そのために、「自分が一番好きだったのは、この場面の○○です。そのわけは…」という書き出しを提示する。違う場面の人物を選択した児童でグループをつくって紹介し合った後、単元を通して自分ができたことやがんばったことを全体で発表し合う。

せかいのおはなしにしたしもう

おかゆのおなべ

領域：読むこと
教材収載：光村図書

[中河原絵里]

1 教材の分析と予想される「問い」

1年生の児童は、これまでの学習で日本の昔話に親しみ、おもしろさを感じている。その「おもしろさ」には、勧善懲悪等の世界観や意外性のある展開、独特な音やリズム等があるだろう。そこで、「世界の昔話には、どのようなお話があり、どのようなおもしろさがあるのか」という「問い」から外国の昔話への興味を広げられるようにしたい。

本教材「おかゆのおなべ」を読み、「町中におかゆが溢れたので食べながら歩く」というユーモラスな展開等のおもしろさを感じる体験をきっかけに、外国の様々な昔話のおもしろさに出会う場を設定する。児童には、昔話を読んで自分の中にわき起こる感情を基にそのおもしろさを視覚的に表したり、「賞」の名前を考えたりさせることで、「この昔話には、どんなおもしろさがあるのかな」と、積極的に世界の昔話を読もうとする態度を養うことができる。

2 単元の概要：単元計画（全4時間）

本単元では、世界の昔話に興味をもち、読書の幅を広げることをねらいとしている。そこで、気に入った昔話について賞状を作り、友達に紹介する活動を設定する。

[第一次]

①「おかゆのおなべ」を読み、おもしろかったところを話し合い、外国の昔話を読むという学習の見通しをもつ。

[第二次]

②グリム童話やイソップ寓話等を読み、「おもしろさ」の評価方法や賞状の作り方をみんなで確認する。

③学校図書館で世界の昔話を読み、気に入った昔話について、賞状を作る。

[第三次]

④友達に賞状を紹介しながら、昔話のおもしろさや気に入った理由について説明し合う。

❸ 単元の展開（第２～４時）

①導入（第２時）

第２時の学習では、おもしろさの評価方法や賞状の作り方を確認することをねらいとしている。そのために、「賞」と「観点ごとの評価（星の数で評価）」を書くことができる賞状カードを提示する。そして、前時に読んだ教材「おかゆのおなべ」を基に、「アハハ（ユーモラスな展開）」、「はらはらどきどき（予想外の展開が起こるとき）」、「ジーン（感動する）」の観点で、児童の心の反応を聞きながら、全員で「★★★☆☆」のようにそれぞれの観点についての評価を可視化する。また、児童にどのような賞の名前を付けたらよいかを問い、評価が高かった観点で「おかゆの道がおもしろかったで賞」等、自由に名前を付けさせる。

また、「ヘンゼルとグレーテル」や「みにくいあひるの子」等の違う心の反応が意識できる話をいくつか読み聞かせし、同様に三つの観点で評価させ、賞の名前を考えさせる。それらを交流することで、児童は「どのような場面が、なぜおもしろかったのか」を伝え合い、それぞれの観点で高く評価する場合を確認することができる。

ポイント！「問い」のもたせ方　モデルを示しながら、自分の心の反応を見つめる三つの観点と評価の方法を与えたり、賞の名前を付ける活動を設定したりすることで、児童に「どのようなおもしろさがあるのか」という「問い」をもって読もうとする態度を促すことができる。

②展開（第３時）

第３時では、図書館などで、自分のお気に入りの話を見つけ、評価する場を設定する。教師は、あらかじめ司書教諭と連携して、外国の昔話シリーズをまとめて提示できるようにしておく（その後、教室にも特設コーナーを設置する）。賞状カードは、一人何枚でも作成していいように準備しておく。必要に応じて、友達に相談してもよいこととする。

③まとめ（第４時）

第４時では、選んだ昔話について友達と交流する時間を設定する。その際には、異なる話を選んだ友達に紹介するという形態を取る。紹介された話を読んだ友達からは、「読んだ感想カード」をもらえるようにすることで、児童は様々な話を読む楽しさを感じることができるだろう。

ポイント！「問い」の解決法　交流では、三つの観点について「なぜそのような評価にしたのか」、「どの場面が、なぜおもしろかったのか」を伝え合い、賞の名前を紹介し合う。教室の特設コーナーには、児童の賞状カードとその話が掲載されている本を一緒に紹介できるようにしておくことで、多くの昔話を読む意欲を喚起する。

くらべてよもう

どうぶつの赤ちゃん

領域：読むこと
教材収載：光村図書

[中河原絵里]

1 教材の分析と予想される「問い」

これまでの説明的文章の学習において1年生の児童は、問いの文に対応した答えの文とその説明を見つけながら読んできた。本教材には、問いの文が二文（「❶生まれたばかりのときは、どんなようすをしているのでしょう」、「❷どのようにして、大きくなっていくのでしょう」）あり、問いの文に対する答えの文の数も増えている。児童は、それぞれの問いの文に対応する「答えの文はどこかな」と探しながら読んでいく。また、ライオンとしまうまの二種類の動物について同じ観点で書かれた構成になっているため、同じ観点で比較しながら、「二つの動物の赤ちゃんは何がどのように違うのかな」という「問い」をもって読んでいくだろう。さらに、同じ観点で比べることで違いを見つけるおもしろさを感じた児童は、「他の動物の赤ちゃんは、どうなのかな」という「問い」へと更新していくだろう。

2 単元の概要：単元計画（全6時間）

本単元では、問いの文を基に、それぞれの動物の赤ちゃんの「すごい」と思うことを見つけ、同じ観点で比較したり考えたことを伝え合ったりする学習活動を行う。

[第一次]

①動物の赤ちゃんについて、「すごい」と思ったところを伝え合うという単元のめあてを設定する。

[第二次]

②問いの文を確認し、ライオンの赤ちゃんについての答えの文を見つけて、「すごい」と思ったことを話し合う。

③しまうまの赤ちゃんの答えの文を見つけ、ライオンの赤ちゃんと比べて「すごい」と思ったことを話し合う。

[第三次]

④好きな動物の赤ちゃんについて調べる計画を立てる。

⑤⑥自分の調べた動物の赤ちゃんについて紹介し合う。

3 単元の展開（第3・4時）

①導入（第3時）

導入段階において、問いの文の観点からライオンの赤ちゃんの「すごさ」についてまとめている児童の感想を紹介してもらい、問いの文に対応した答えの文を見つけていったことを想起させる。そして、しまうまの赤ちゃんにも問いの文に対する答えの文があるのかについて予想させる。そうすることによって、児童は、しまうまの赤ちゃんの場合も、前時と同様に問いの文の観点から、生まれたばかりのときの様子やどのようにして大きくなっていくのかに注目して読もうという意欲を高めるだろう。

ポイント！「問い」のもたせ方

問いの文の観点を意識した児童の感想を紹介し、しまうまの場合にも答えの文があるのかを予想させることで、児童は同じ観点で文章中から答えの文を見つけようとする。

②展開（第3時）

展開段階では、しまうまの赤ちゃんについて、ライオンのときと同様に、問いの文❶の答えには赤い線、❷の答えには青い線を引きながら読ませる。児童がそれぞれ見つけた答えの文の発表に合わせて、教師も拡大した本文に同じ色で線を引いていく。線を引いた後で、全文を見ながら答えの文の書かれ方で似ているところはないかと問うことで、児童は、どちらも問いの文の順になっていることや大きさ、目や耳、母親に似ているか等の共通点を見出していくだろう（その後、表にまとめてもよい）。

また、本文を基にライオンとしまうまの歩くまでや自分で食べ物を食べるまでの時間等について話し合いながらテープ図等で表し、人間の場合についても話し合う。そうすることで、児童は同じ観点で二つの動物や人間を比べ、「しまうまとライオンでは、しまうまの方がずっと早く歩くことができるようになる。しかし、人間と比べると、どちらもとても成長が早い」というような感想をもつだろう。そして、「他の動物の赤ちゃんについてはどうなのかな」という新たな「問い」に広げることができると考える。

ポイント！「問い」の解決法

テープ図等でライオンとしまうまの赤ちゃんを比較させることで、その違いから同じ観点で読むことのおもしろさに気付かせる。

③まとめ（第4時）

児童の新たな「問い」を基に、カンガルーの赤ちゃんを例にして問いの文の観点で読む練習をし、他の動物の赤ちゃんについても調べる計画を立てる。学級には、動物の赤ちゃんに関する本を数多く準備しておき、児童がこれまでと同じ観点で自分の力で読むことができるようにする。

よんで　かんじたことを　はなそう

ずうっと、ずっと、大すきだよ

領域：読むこと
教材収載：光村図書

[中河原絵里]

1 教材の分析と予想される「問い」

本教材には、生まれたときからずっと一緒に過ごしてきた大切な犬「エルフ」が、徐々に歳を重ね、遂には亡くなってしまうまでの時間の流れが描かれる。中心人物「ぼく」の行動や言葉を通して、読者は悲しみとともに、大切な存在の「死」との向き合い方について考えさせられる。

しかし、「死」と向き合う経験が多くはないと考えられる児童にとっては、「ぼく」の行動が不思議に思えたり、なぜそのような言葉を言うのかが分からなかったりするだろう。そこで、児童には、「ぼく」の「行動の理由」や「言葉の意味」についての「問い」をもたせながら、読ませていきたい。そのために、児童から出された「問い」を場面ごとに整理し、場面ごとに中心とする「問い」について話し合っていく。その際、それぞれの児童が考えた他の「問い」や考えも授業で適宜取り上げていくようにする。

2 単元の概要：単元計画（全6時間）

本単元では、児童が教材文を読んで感じた疑問について話し合う活動を中心に行っていく。

［第一次］

①心に残ったことや不思議に思ったことを話し合う。

②場面ごとに「問い」を選び出し、学習計画を立てる。

［第二次］

③第一・二場面について話し合う（例：なぜ「エルフはせかいでいちばんすばらしい犬」といえるのか）。

④第三・四場面について話し合う（例：新しい犬を受け取らなかったのはなぜか）。

⑤物語全体について話し合う（例：なぜ「ずうっと、ずっと、大すきだよ」という題名にしたのか）。

［第三次］

⑥学習を通して、改めて感じたことについて話し合う。

3 単元の展開（第4時）

①導入

本時は、エルフが亡くなったとき、亡くなった後の「ぼく」の行動や言葉についての「問い」を追究する。この場面では、エルフの死を悲しみながらも「いくらか気もちがらく」だと感じたり、隣の子があげようとした子犬を「いらないっていいった」り、「エルフのバスケットをあげた」りする「ぼく」の様子に対して疑問に感じる子も少なくないだろう。

単元の導入段階において「一人で考えるのは難しく、みんなで話し合いたいもの」という視点で、みんなで場面ごとに選んだ「問い」を学習計画表で確認する。本稿では、「なぜ、『ぼく』は、となりの子があげようとした子犬を『いらない』と言ったのか」を本時の中心の「問い」とする。

ポイント！「問い」のもたせ方

中心の「問い」について、まずは、児童の考えを自由に発言する場を与えて、その考えを選択肢として挙手をさせ、児童に立場をもたせる。想定される考えとしては、「結局死んでしまうから」「もう悲しい思いをしたくないから」「まだエルフとの思い出を大切にしたいから」等が挙がるだろう。その考えを見直すことを本時のめあてとする。

②展開

導入段階で選択肢として挙げた考えの中で、児童は、これまで「ぼく」が「エルフ」と共に過ごした時間等を想起し、多くの児童が、「まだエルフとの思い出を大切にしたいから」を選ぶと予想される。そこで、展開段階では、「しょうこの文（根拠）」を見つけ、その理由について話し合う。児童は、「これまで、『エルフ』に『ずうっと、ずっと、大すきだよ』と言ってきて、まだ他の犬にそれをするのは早いと思っているから」や「『ぼく』は、亡くなった後も、『エルフ』との時間を大切にしたいと思っている。わけは、『エルフは世界一すばらしい犬』と言っているから」等、根拠の言葉を基に、「ぼく」の行動の理由について想像していくだろう。

ポイント！「問い」の解決法

その他の「結局死んでしまうから」「もう悲しい思いをしたくないから」の選択肢を選んだ児童の意見（いない場合は教師からの揺さぶり発問）を取り上げることで、考えの違いを明確にすることができ、「ぼく」の行動の理由についてより具体的に想像することができる。

③まとめ

みんなと話し合って、新しく付け加わった考えや増えた根拠などを発表し、みんなで読むことのよさを実感させる。

おもい出してかこう

いいこといっぱい、一年生

領域：書くこと
教材収載：光村図書

[中河原絵里]

1 教材の分析と予想される「問い」

これまで児童は、体験したことを基に、事柄の順序に気を付けて手紙等の文章を書く学習を行ってきた。一年間の集大成となるこの時期、児童が自分たちの力で体験したこと等を想起しながら題材を選び、具体的に書き言葉で表現できるようにしたい。

そこで、本単元では、生活科の学習「もうすぐ二年生」と関連付けて、これまでの一年間の思い出の中から、特に心に残っていることを文章に表し、みんなで写真や絵を提示しながら作文を読む「思い出作文発表会」を設定する。児童の「私が特に楽しかったときは、どのときかな」という「問い」から、選択した書く事柄に対して「友達とどんな話をしたかな」等、徐々に具体的に想起させながら書きたいことを書き言葉で表現していく活動を行い、自分の力で書けたという達成感を抱くことができるようにしたい。

2 単元の概要：単元計画（全10時間）

本単元は、自分の体験を基に題材を決め、自分たちで何度も文章を見直しながら書くという構成にする。

【第一次】

①②生活科の中でふり返った思い出の中から特に書きたい事柄について選び、発表会の計画を立てる。

【第二次】

③④モデル文を分析し、行事や活動を選択したグループで話しながら、書きたい事柄を考え、下書きを行う。

⑤⑥事柄の順序に着目して、下書きを友達同士で見合い、付加・修正を行う。

⑦⑧モデル文を基にした評価表を使って推敲し清書する。

【第三次】

⑨⑩「一年生の思い出発表会」を行い、それぞれの作文のよいところを伝え合う。

3 単元の展開（第3・4時）

①導入

第一次において、思い出の行事や活動で似た題材を選んだ児童でグループを編成する。「どのようなことを書けば、そのときの思い出が伝えられるか」を問いかけて児童に予想させ、教師から複数のモデル文を提示する。

ポイント！「問い」のもたせ方　「どのようなことを書けば、そのときの思い出が伝えられるか」を問いかけ、児童に予想させた後に、モデル文を提示することで、児童はモデル文の書かれ方に注目する。

②展開

モデル文を各グループに配付して、どのようなことを書けばよいかを話し合わせる。モデル文は、「はじめ」「中」「終わり」で色分けし、「はじめ」にはいつのどの行事や活動か、「中」にはその行事や活動が心に残った理由となる事柄、「終わり」には、「思ったこと」や「この行事や活動は自分にとってどうだったのか」「誰にできるようになったことを教えたいか」等が書かれ、自分の気持ちに合った言葉で表現できるようにする。全体で「はじめ」「中」「終わり」に書くことを確認して、教師が話合いの視点としてそれらを板書し、各グループでそれらの題材にまつわる様々な思い出について視点に沿って話し合う場を設ける。グループでは、そのときに書き留めた日記や生活ノート等を用意し、一人ひとりが自分の思い出を想起できるようにする。「この行事や活動でどのようなことが一番心に残った（うれしかった、楽しかった）か」について話し合いながら、自分にとって「その行事や活動が心に残った理由となる事柄」をモデル文の「中」と同じ色の付箋に書いたり、「思ったこと」等を「終わり」と同じ色の付箋に書いたりする。「中」の事例については、「〜するといいよ」等、友達や家族などから言われた言葉（会話）や「わくわく」「ピーッ」等、そのときの音や様子を表す言葉を語彙として示す。

ポイント！「問い」の解決法　話合いの視点に沿って、「この行事でどんなことが心に残ったの」「そのとき、誰とどんな話をしたの」「そのとき、どんな気持ちだったの」等のような友達への質問の仕方を教師が提示することで、互いに質問をし合いながら、書きたい場面の状況を具体的に思い出せるようにする。

③まとめ

これらの付箋を構想メモとして見ながら、したことや言ったこと、思ったことを順序に気を付けて下書きしていく。早く終わった児童については、その文章の場面を絵に描かせる等しながら、時間差を調整する。

第2学年の指導ポイント

共通点と差異点から「問い」をもち、「詳しく想像する」「比べる」「順序立てる」思考を働かせる

［星野直樹］

❶ 第2学年の教材の特徴と重点

第2学年の「読むこと」の教材には、文学的文章で「スイミー」や「お手紙」、説明的文章で「たんぽぽのちえ」等があります。これらの教材を通して「場面の様子を具体的に想像すること」、「事柄や時間の順序に気を付けて読むこと」等を指導していきます。これらの指導事項から、「詳しく想像する」、「比べる」、「順序立てる」といった思考を働かせることが重要だといえます。そこで、第2学年では次のような「問い」を生成できるようにします。

○詳しく想像する

・○○は、どんな様子だろう。どのくらいの大きさだろう。どんな動きをしたのだろう。

○比べる（観点をもって比較する）

・○○と△△で同じところはどこだろう。違うところはどこだろう。

・○○と△△は、どうして違うのだろう。

○順序立てる（事柄や時間の順序を捉える）

・なぜ、この順序なのだろう。

・（ある事柄から）どのくらい時間が経ったのだろう。

❷ 問える子にするための日常的な取組

⑴言葉によるイメージの違いについてのクイズ

身の回りの様子をオノマトペ等で表現するクイズを行います。例えば、雨の日に「今の雨の音は①ざあざあ②ざんざん③しとしと、のどれに近い？」のような問題を出します。答えを出し合う際に、それぞれの言葉からイメージされる雨の様子の違いについて話し合うことで、言葉を根拠にして詳しく想像する習慣を身に付けさせていきます。天気だけでなく、児童が喜ぶ行事や出来事があったときの気持ちを言葉にしたり、詩集等からユニークな言葉を取り出して話題にしたりするのも効果的です。

(2)身の回りの様々な事象を比べる

児童には各教科等の学習の中で、様々な事象を比べさせます。例えば、生活科で時間を置いて撮影した植物の写真を見て生長の様子を比べたり、算数科では一つ分の数がいくつ分あるのか数え、二つの量を比べたりします。比べる活動を繰り返す中で、共通点や差異点等の観点で比べる習慣を身に付けさせていくことが大切です。また、比べた際に、「なぜ違うのだろう」という新たな「問い」が児童から出されたら、できるだけ学習の中で取り扱っていくようにします。

(3)ペアトーク

それぞれの児童が、他の人の話に対して共通点や差異点を考えながら聴けるようにするために、朝の会や授業の中でペアトークを多く設定します。例えば、朝の会では、全員の児童が話しやすい「休みの日の出来事」「好きな食べ物」等の身近な話題を提示します。相手の話を聴いた後に「○○さんと同じで（違って）、」という言葉を付け加えさせることで、共通点と差異点を意識して相手の話を聴こうとする態度が育ちます。また、「まず・つぎに・そして」や「朝～・昼～・夜～」等のような言葉を使って話させることで、事柄や時間の順序も意識させることができます。

「問い」がつながり、読みが深まる

「お手紙」の授業で、子どもたちが「かえるくんのやさしいところを見つける」という「問い」をもって読んでいたとき、かえるくんが大いそぎで家に帰って手紙を書いた行動が話題になりました。多くの子が、「がまがえるくんへ」と宛名を書いたかえるくんの行動の叙述からやさしさを読み取りましたが、一部の子は「大いそぎで」という叙述にもやさしさを読み取れると考えました。「『大いそぎで』手紙を書いたことは、やさしいといえるのかな」というつぶやきから「かえるくんが急いで手紙を書いたことはやさしいのか」という新たな「問い」が生まれました。交流を通して、自分たちの経験と照らしながら、「自分のために急ぐのはやさしくないけれど、誰かのために急ぐのはやさしい」と読みを深めていきました。

この授業を通して、子どもたちが一つの「問い」を追究する中で、詳しく想像したり、比べたり、順序立てたりしながら「問い」がつながる姿を目の当たりにし、子どもが立てる「問い」の質を高めるための教師の教材解釈の重要性を改めて感じました。

おはなしを読み、やくに　わかれて
音読しよう

ふきのとう

領域：読むこと
教材収載：光村図書

[星野直樹]

1 教材の分析と予想される「問い」

本教材では、「ふきのとう」「竹やぶ」「雪」「お日さま」「はるかぜ」等の登場人物が春の訪れを待ちわびる様子が、短い会話文や詩的表現を交えて表現されている。人物になりきって劇化、動作化したり役割分担をして音読を発表したりと「音読」を中心にした言語活動が設定できる。

単元導入の初発の感想交流で、「登場人物たちは、何を待っているのだろう」という児童や教師の疑問を投げかける。児童から「春」という共通した考えが出されたところで、「どこから『春』を待っているということが分かるのかな」というはじめの「問い」を共有する。

「春」である根拠を場面ごとに確認した後で、「登場人物の○○が『春』を待っている様子を音読しよう」という役割分担して音読する活動を設定することで、児童は「どんな音読の工夫をすれば、（自分が担当する）登場人物の○○が『春』を待っている様子が伝わるかな」という音読の工夫に関する「問い」へと更新していくだろう。

2 単元の概要：単元計画（全9時間）

本単元では、まず、登場人物たちが待っているのは何かについて考え、はじめの「問い」をもたせる。次に、場面ごとの読み取りと音読の工夫を考える。さらに、役割を決めてグループで音読の練習を行う。その際、タブレットを活用して音読の様子を録画し、自分の音読を見直す活動を仕組む。そして、互いの音読を聞き合う発表会を行う。

[第一次]

①本文を読んで、登場人物や出来事を確認する。初発の感想を交流し、はじめの「問い」を共有する。

[第二次]

②～⑤「問い」を基に、場面ごとの叙述や挿絵から内容の大体を捉えさせる。その際、黒板に空と地面の境目を描

いて、挿絵を配置することで、叙述を基に登場人物の位置や動きを捉えさせる。それぞれの登場人物の気持ちや願いを吹き出しに書かせるなどして、春を待っている登場人物の様子を想像させる。

⑥⑦音読は、「声の大きさ」「話す速さ」「動き」の三つの観点から工夫し、なぜその工夫をするのかという理由を明確にもたせ、タブレットで録画して見直させる。

［第三次］

⑧⑨音読発表に向けて音読を練習する。一つのグループを登場人物（五名）と語り手（一名）の七名程度で構成し、発表会の後に、互いの音読のよさについてふり返らせる。

3 単元の展開（第3時）

①導入

前時（一場面）のふきのとうの「そとが見たいな」という会話等から春を待っていることが読み取れたことを確認し、「今日の場面の雪や竹やぶも春を待っているかな」と本時の「問い」に目を向けさせる。

ポイント！「問い」のもたせ方　繰り返しのある物語の場合、前の場面までの展開が本時場面でも当てはまるかを投げかけることで、児童は予想を立てながら、前時までの解決方法で確かめようとする意欲をもつことができる。

②展開

まず、「雪」と「竹やぶ」の行動や会話を取り出して板書で整理する。次に、「雪」の「早くとけて」、「竹やぶのかげになって、お日さまがあたらない」や、「竹やぶ」の「ゆれておどりたい」、「ゆれておどれば、雪に日があたる」という言葉に込められた願いや残念な思いについて話し合う。その際、動作化も入れながら「竹やぶがゆれておどる→雪に日があたる→雪がとける」の関係を理解させたい。そうすることで、「雪は早くとけたい、竹やぶも早くおどりたいと思っているから、春（はるかぜ）が来ることを待っているといえそうだ」という解決が図られる。

ポイント！「問い」の解決法①　動作化をさせながら「竹やぶがゆれておどる→雪に日があたる→雪がとける」の関係を捉えさせることで、「雪」と「竹やぶ」の願いが春の訪れによって叶えられることを理解させる。

③まとめ

「雪」と「竹やぶ」は、春を待っているといえるかについて本時話し合ったことを基に、学習をふり返らせる。

ポイント！「問い」の解決法②　「雪」と「竹やぶ」が何を残念に思っていたか、それはなぜかをまとめさせる際に、「残念に思っているのは、早く～したかったから。春が来ると、～」などの形式で個人の考えを書かせるようにする。

じゅんじょに　気を　つけて　読もう

たんぽぽのちえ

領域：読むこと
教材収載：光村図書

[川上由美]

1 教材の分析と予想される「問い」

本教材は、児童にとって身近な植物であるたんぽぽの生長の過程について、それぞれの生長段階の様子を理由とともに説明した文章である。児童は、教材文を一読すると、ぼんやりと「たんぽぽはすごいなあ」と感じるが、たんぽぽの様子と理由との関係、またその順序等について明確に理解できているわけではない。

そこで、初読後に感想を交流し、教師がそれぞれの感想を分類してみせることで、自分がすごいと思う「ちえ」だけではないことに気付き、児童の中に「一番すごいちえはどれだろう」という「問い」が生まれると予想される。詳しく読んで、「自分にとって一番すごい『ちえ』をまとめよう」という目標の下、児童は、「どんなちえがあるのか」、「なぜそんなちえを働かせているのか」等の新たな「問い」へと更新していくものと考える。

2 単元の概要：単元計画（全9時間）

本単元では、「ちえ」の具体例に着目させ、内容の大体や時間の順序を捉えさせる。その後、たんぽぽの様子やわけに関する重要な語や文を選び出し話し合わせるようにする。

[第一次]

①初発の感想を交流し、すごいと思う「ちえ」を発表し合う。

[第二次]

②挿絵の並び替えを行い、時間の順序を捉える。

③「ちえ」はいくつかを考え、まとまりを捉える。

④～⑦動作化やペアトークを行い、それぞれの「ちえ」とそのわけを具体的にイメージしながら読む。

[第三次]

⑧一番すごいと思う「ちえ」を選び、理由とともに交流する。

⑨学びをふり返り、今後に生かせることを話し合う。

3 単元の展開

①導入（第一次）

最初に、題名読みをすることで、「ちえ」とは何か、どんな「ちえ」があるのかを想像させ、本文を読む構えをつくる。

初読後、すごいと思うたんぽぽの「ちえ」を発表し合う。出された意見を教師が分類しながら板書していくと、自分とは異なるいくつもの感想を前にして、児童の中に「一番すごい『ちえ』はどれだろう」という「問い」が生まれる。

そこで、みんなで本文を読んで話し合っていくことで、自分が一番すごいと思う「ちえ」が変わるかもしれないという学習への意欲と期待をもたせたい。

ポイント！「問い」のもたせ方

初発の感想を交流する際、「たんぽぽのすごいちえ」に焦点を絞る。一つのテーマについて考えを出し合うことで、互いの考えの多様さや違いに気付き、「問い」が生まれやすくなる。

②展開（第二次）

第二次では、順序を捉える→まとまりを捉える→様子とわけを関係付けて読むという流れで学習を進める。

まず、順序とまとまりを捉えるために、挿絵の並べ替えを行う。正しい順序であるかを確かめるためには、時間を表す言葉に注目すればよいことに気付かせる。その後、いくつの「ちえ」があると思うか数だけを予想させる。「いくつだろう」という「問い」は児童にとって考えやすく、全員が授業に参加しやすい。そして、挿絵を用いて、その絵が「ちえ」を表しているかそうではないかについて話し合い、段落のまとまりを確認していく。

一つ一つの「ちえ」について読む場面では、「この『ちえ』のどこがすごいのか」という視点で、たんぽぽの生長段階の様子とそのわけに関する重要な語や文を考えて選び出し、それらを関係付けながら（例：なぜ「ぐったり倒れる」と「種が太る」のか）話し合うようにする。その際、動作化やペアトークを行うと、イメージを共有しやすい。

ポイント！「問い」の解決法

低学年段階では、文章に書かれていることを具体的にイメージすることは容易ではない。動作化や、対象物になりきってのペアトーク（たんぽぽへのインタビュー等）は、物語文のみならず、説明的文章の指導においても有効な手立てである。

③まとめ（第三次）

文章全体を読み直して「一番すごいと思う『ちえ』」について自分の考えをまとめ、「同じところ、違うところはどこかな」という視点で、友達と考えを交流する。

さらに、教室に図鑑を並べておくと、植物の「ちえ」に興味をもった児童は探究心をもって読むことだろう。

お話を読んで、しょうかいしよう
スイミー

領域：読むこと
教材収載：光村図書

［星野直樹］

1 教材の分析と予想される「問い」

本教材は、まぐろにきょうだいたちを飲み込まれてしまった主人公スイミーが、海の生き物たちとの出会いを通して元気を取り戻し、知恵を発揮して小さな魚たちと協力しながら大きな魚を追い出す物語である。比喩や体言止め、倒置法などの技法を豊富に使って表現されており、生き物たちの動きや色彩などが捉えやすく、「海の中」という空間の場面の様子について登場人物の行動に着目しながら想像を広げて読むことに適した教材である。

本単元では、グループで物語を音読とペープサートで表現する活動を行う。ペープサートとは、「棒などの先に付けた登場人物の紙人形を動かしたり会話させたりして物語る劇」のことである。動かす生き物を選択したり音読に合わせて動かしたりする場を設定することで、「この場面で登場する人物はどれだろう」や「スイミーは、どこで、どんなふうに動いているのだろう」というような登場人物やその動き等についての「問い」が生成される。このような「問い」は、場面の様子を具体的に想像する力へとつながっていくと考える。

2 単元の概要：単元計画（全9時間）

【第一次】

①教師によるペープサートを見て、学習の見通しをもつ。

②スイミーを通読し、音読練習した後で、ペープサートで簡単に表現させることで「問い」をもたせる。

【第二次】

③～⑥場面ごとの様子についてペープサートで表現しながら話し合う。各場面の様子を一文で表現していく。

【第三次】

⑦～⑨タブレットを使って、音読に合わせたペープサートを録画する。また、第二次で場面の様子を表現した一文

を「はじめ」「中」「終わり」で構成したあらすじにまとめる。ペープサートの動画とあらすじは、各自家庭に持ち帰って保護者に紹介する。

3 単元の展開（第4時）

①導入

前時のペープサートの様子を動画で提示した後で、本時の場面での動きを想像させ、「スイミーが海の生き物たちと出会う場面をペープサートで表すにはどうしたらいいか」という「問い」をもたせる。

ポイント！「問い」のもたせ方 前時のペープサートの動画を見せながら、ペープサートでは「出てくる人物」や「場所、位置」、「人物の動き」等、場面の様子を表す言葉に注意することが大切であったことを想起させる。

②展開

小グループで本時のペープサートに必要な紙人形を選ばせて、本文に合わせた動きを考えさせる。各グループに配付する紙人形には、色や形、大きさの違う「くらげ」「いせえび」「岩」「いそぎんちゃく」等を混ぜておき、グループ活動後に全体で話し合う場面では、なぜその紙人形を選んだのかを出し合い、「にじ色の」「水中ブルドーザーみたいな」「ドロップみたいな」「風にゆれるもも色のやしの木みたいな」等の本文の言葉に着目する必要性を感じさせる。

また、話合いでは、人物の位置や行動について、「見たこともない魚たち」の動きや、うなぎを見るときのスイミーが、うなぎの「かお」と「しっぽ」どちらの方から動いて見ているか等を話題にし、実際にペープサートで表現しながら考えさせる。「見えない糸でひっぱられている」や「かおを見るころには、しっぽをわすれているほど長い」という言葉に着目させ、その意味について考えさせたい。

ポイント！「問い」の解決法① 動画での記録に向けて、着目すべき表現には自分で線を引かせておく。話合いでは、グループごとにペープサートで表現させ、それぞれが疑問に思ったところを発表させる。教師からは、「なぜその紙人形を選んだのか」、「全体で動かし方が二通りあるがどちらか」「なぜそのような動かし方をしたのか」等を問いかけることで、着目すべき表現に気付かせる。

③まとめ

本時の場面の様子を「スイミーは、○○して、…になった」の一文で書きまとめ、発表し合う。

ポイント！「問い」の解決法② 本時では、本文中にまとめるヒントになる文がないかを考えさせ、「おもしろいものを見るたびに、スイミーは、だんだん元気をとりもどした」の文に気付かせる。

あいての考えを引き出す　しつもんをしよう

あったらいいな、こんなもの

領域：話すこと・聞くこと
教材収載：光村図書

[川上由美]

1 教材の分析と予想される「問い」

本単元では、身近なことや経験したこと等から、「こんなものがあったらいいな」と思う道具を考え、発表する活動を行う。児童は、話す事柄の順序や言葉遣いを考えるだけでなく、話し手が伝えたいことや自分が知りたいことを詳しく聞くための質問の仕方を考えていくことになる。

話合いの場面では、「質問をし合いましょう」と教師が投げかけただけでは、目的が生まれず、児童は漫然と質問をする可能性がある。そこで、質問されたことや相手に質問したことを自分の発表内容に取り入れるという目的意識を明確にもたせて話合いに臨ませる。そうすることで、「どんな質問をしたら、相手に取り入れてもらえるかな」、「どの質問の内容を自分の発表に取り入れようかな」という、質問の内容に関する「問い」を児童一人ひとりがもつことができるようになる。

また、説明・質問の観点（あったらいいなと思うわけ・はたらき・形や色、大きさ等）を共有しておくことも、話合いを焦点化させるために重要である。

2 単元の概要：単元計画（全7時間）

[第一次]
①学習活動について知り、学習の見通しをもつ。

[第二次]
②「あったらいいな」と思う道具を考え、絵と短い文で表す。
③話合いの目的を知り、方法、話し方を理解する。
④ペアで話し合い、発表の内容を詳しくする。
⑤話し合ったことを基に、発表メモを作成する。
⑥グループで発表会を行う。

[第三次]
⑦学びをふり返り、今後に生かせることを話し合う。

3 単元の展開（第4時）

①導入

教師が話し手役、学級の児童が聞き手役となって、実際に発表（説明）と質問のやりとりを簡単に行う。そこで、話合いの目的（自分の発表を詳しくするためであること）や説明・質問の観点（あったらいいなと思うわけ・はたらき・形や色、大きさ等）を確認し、「どの観点から質問をしようかな」という「問い」をもたせる。

ポイント！「問い」のもたせ方①　自分の発表に取り入れたい内容の質問をしてくれた「ベストしつもんしょう」を本時の終わりに一人選ぶことを伝える。

②展開

ペアになって発表し、発表に対して質問をする活動を行う。話し手はまず、「○○のときに□□する、△△という名前の道具です」という簡単な紹介を絵を見せずに行う（発表の際の話し方については第3時で確認、練習しておく）。その後、10秒間何も話さない時間をつくる。この間、聞き手は簡単な紹介から、「こんな形や色、大きさかな」「…が使うのかな」「…だからその道具を思いついたのかな」等、その道具についての想像を膨らませる。10秒後、話し手は、絵を示しながら自分の道具について観点を基に説明を行う。説明を聞いて、「なるほどな」と納得したり「自分が想像したことと違うぞ」と驚いたりした聞き手に観点を基に自由に質問させ、話し合わせるようにする。

発表と質問の応答が終わると、話し手も聞き手も、「自分の発表に取り入れたいこと」をメモとして記述する。話し手と聞き手を交代した後、ペアを変えて同じ活動を数回繰り返す。児童の様子を観察していて、教師が取り上げたいと思った質問は、ペアの交代の際に、全体で共有してもよい。その後、聞かれてよかったと思った質問の内容について全体で交流する。

ポイント！「問い」のもたせ方②　発表の際に「空白の時間」を設けることで、聞き手の中に考えをもたせる。そうすることで、その後に話し手が行う説明に対して、共通点や相違点を感じ、「問い」をもちやすくなる。

③まとめ

自分のメモを見返し、「自分の発表に一番取り入れたい質問の内容はどれかな」とふり返らせる。児童はそれぞれ、自分にとっての「ベストしつもんしょう」を選び、その理由とともに発表する。

ポイント！「問い」の解決法　なぜその質問が自分にとってベストなのかという理由を出し合うことで、考えを深めるような質問のポイントについて共有する。

しをたのしもう

雨のうた

領域：読むこと
教材収載：光村図書

[星野直樹]

1 教材の分析と予想される「問い」

本教材は、一連で雨が「誰とうたうのか」が表現され、二連では「どんなうたをうたうのか」が表現された詩である。雨と聞くと暗いイメージをもちやすい児童も、この詩を読み味わうことで「雨が降っているときは、雨が誰かと楽しくうたっている」、「私にもそんなふうに聞こえてきた」と身の回りの見え方や感じ方が転換されるだろう。また、擬音語や擬態語、リズムのよい言葉の響きを味わうことができ、音読表現に適した教材である。

単元の導入で、まず雨のイメージ（様子や音）を出し合う。一連と二連を順番に提示することで「どんなうたかな」という「問い」をもたせ、教師から「あなただったら、どんな『雨のうた』が聞こえてきますか」と問いかけることで、「私にはどんな『雨のうた』が聞こえてくるだろう」という「問い」へと更新させる。

2 単元の概要：単元計画（全3時間）

児童に雨の様子や音を想像させた後で、学級全体で「雨のうた」を読み、その後、それぞれで三連目を創作する活動を設定する。

①雨が降ったときの様子や音、経験を話し合った後で、「雨のうた」を読む。一連と二連を順番に提示し、「どんなうたか」を想像させる。

②雨の様子や音を手がかりに、雨が「誰と」「どんなうた」をうたっているかを考えて、三連を創作する。

③創作した「雨のうた」を音読したり、発表したりして互いのよさを伝え合う。

3 単元の展開

①導入

教師から「雨が降っているときって、どんな音が聞こえてきますか」と問いかけ、「雨のイメージ（様子、音、経験）」について話し合う。

ポイント！「問い」のもたせ方　児童が発言した聞こえてくる音の違いから、「雨が何かに当たったときに音がしている（うたっている）」ことに気付かせる。児童の反応に応じて、教師が「…にいたら、どんな音が聞こえますか」と場所を示してもよい。

②展開前半

まず、一連を提示する。雨が「誰と一緒にうたっているか」に着目し、「やね」「つち」「かわ」「はな」の四つを抜き出す。教師から、「やねと一緒だったら、どんなうた（音）が聞こえると思いますか」と問いかけ、児童に雨音のイメージを言語化させる。同様に、他のうた（音）も想像させる。

次に、二連を提示する。雨が「どんなうたをうたっているか」に着目し、「やね↓とんとん」「つち↓ぴちぴち」「かわ↓つんつん」「はな↓しとしと」の表現を一連と結び付けて整理し、「なぜこのようなうたになるのか」を自由に話し合わせ、雨が降る相手によってうた（音）が変わることを捉えさせる。その後、それぞれのうた（音）をイメージさせながら、自由に音読練習・発表させる。

教師から「あなただったら、どんな『雨のうた』が聞こえてきますか」と問いかけ、第三連をそれぞれで創作することを告げる。

ポイント！「問い」の解決法①　「誰」、「どんなうた（音）」の箇所を空欄にしたプリントを配付し、次時までに自分の「雨のうた」を見つけさせる。

③展開後半

まず、それぞれが見つけてきた雨が「誰とうたっているか」を出し合う。それらを参考にしながら、「どんなうた（音）をうたっているか」を想像し、それぞれで三連を創作させる。

三連ができた児童から、別の場所で音読発表する練習をさせる。

ポイント！「問い」の解決法②　三連を考えさせる前に、「とんとん」と「しとしと」の語感や感じ方を比べることで、雨の強さや当たる物によってうた（音）が変わることに気付かせる。

④まとめ

創作した三連を一人ひとりが音読発表し、学習をふり返る。

ポイント！「問い」の解決法③　「雨のイメージ（様子、音、経験）」をそれぞれが「うた（音）」として言葉で表現して創作できたことを称賛する。

読んで考えたことを　話そう

どうぶつ園のじゅうい

領域：読むこと
教材収載：光村図書

[川上由美]

1 教材の分析と予想される「問い」

本教材は、動物園に勤務する獣医のある一日の仕事について、時間の順序に沿って説明された文章である。児童は、教材文を一読すると、「獣医さんってすごいな」と漠然と感じるものの、獣医の仕事内容と、その仕事をする理由や工夫とのつながりを明確に理解できているわけではない。

そこで、初読後に感想を交流し、教師がそれぞれの感想を分類してみせることで、獣医のすごいところは自分が思っている仕事だけではないことに気付き、児童の中に「獣医さんの一番すごい仕事は何だろう」という「問い」が生まれると予想される。詳しく読んでいく中で、「獣医さんの一番すごいと思うところをまとめよう」という目標の下、児童は、「どんな仕事をしているのか」、「なぜその仕事をしているのか」、「どんな工夫があるのか」等の新たな「問い」へと更新していくものと考える。

2 単元の概要：単元計画（全12時間）

[第一次]
①初発の感想を交流する。

[第二次]
②獣医さん（筆者）がこの日にした仕事はいくつかを考え、まとまりを捉える。
③段落のはじめの一文を並べ替え、時間的な順序を表す言葉に着目することで、順序を意識する。
④〜⑩動作化やペアトークを行い、それぞれの仕事内容とその仕事をする理由や工夫とのつながりを具体的にイメージしながら読む。

[第三次]
⑪一番すごいと思うところを考え、理由とともに交流する。
⑫学びをふり返り、今後に生かせることを話し合う。

3 単元の展開（第6時）

本時は、第四段落の「にほんざるにくすりをのませた」事例を読む。

①導入

初発の感想でにほんざるに薬を飲ませた事例について記述していた児童を取り上げ、その感想を共有した後、「この仕事のすごさは、星いくつ？」と全員に投げかけ、自分はどれくらいすごいと思っているかを三段階の星の数で評価させる。星の数を交流することで、自分の評価と友達の評価の間にずれや共通点があることに気付き、児童の中に「今日、学習する獣医さんの仕事はどれくらいすごいんだろう」という「問い」が生まれる。みんなで本文を読んで話し合っていくことで、星の数（その仕事に対する自分の評価）が変わるかもしれないという学習への意欲と期待をもたせたい。

ポイント！「問い」のもたせ方 一読した際の直感的な評価やイメージを表現し、他者と交流してずれや共通点を感じることで、その根拠を本文の言葉から考えたいという思いを生むようにする。

②展開

まず、第四段落の「獣医さん（筆者）がしたこと」に線を引かせる。線を引いた部分を音読する際、代表児童が前で動作化をし、その動作を本文の記述に基づいて全員で精査することで、筆者の行動を具体的にイメージできるようにする。

次に、「獣医さん（筆者）はなぜそんなことをしたのか」を話し合うことで、獣医の仕事内容と、その仕事をする理由や工夫とのつながりを考える。その際、「私も苦い薬が苦手で、お母さんがゼリーと一緒に飲ませてくれた」、「ぼくも苦手な食べ物があったらいつもはよけて食べるけど、混ぜてあったら気付かずに食べられた」等、児童から経験を引き出すことで、筆者の行動への理解や納得が深まるものと考える。

ポイント！「問い」の解決法 本文の内容をイメージ化して共有することで、全員が同じ土台で根拠や解釈を話し合うことができる。また、本文の内容と自分や友達の経験を重ねて考えることで、文章の解釈が深まる。

③まとめ

本時の学習をふり返り、「にほんざるにくすりをのませた」という仕事を自分はどれくらいすごいと思うのか、再び三段階の星の数で評価する。なぜその星の数にしたかという理由を、筆者の工夫や自分の経験を踏まえて書き、全体で発表し合うようにする。

そうぞうしたことを、音読げきであらわそう

お手紙

領域：読むこと
教材収載：光村図書

[星野直樹]

1 教材の分析と予想される「問い」

本教材は、「がまくん」と「かえるくん」の会話を中心に展開する。物語の中での二人の心情や行動の理由等については、ほとんど説明がなく、読者は二人の会話や行動からその気持ちを想像しなければならない。そのため、本教材の指導にあたっては、グループや個人での音読の活動を通して、音読で表現されるそれぞれの児童が考える登場人物の気持ちや行動の様子、場面の様子を比べながら、学級全体で話し合わせていきたい。

本単元では、会話文と地の文の音読に簡単な動作化を付け加えた「音読劇」を行い、単元の最後にグループごとに好きな場面を選択して発表する。音読の際の速さや声の大きさ、抑揚等の工夫に加えて簡単な動作化をすることで、会話の際の二人の気持ちや位置、顔の向き、表情等を考える必要が出てくる。「この会話文は、どのように音読すればいいだろう」や「この場面では、どんな動きをすればいいかな」等、人物の会話や行動についての「問い」をもって、場面の様子を読み深めていくことができると考える。

2 単元の概要：単元計画（全9時間）

[第一次]

①②読み聞かせを聞き、音読してみたい場面について話し合い、挿絵を手がかりに場面分けをする。

[第二次]

③～⑦5時間の授業を一場面、二場面、三場面前半、三場面後半、四場面に分けて行う。各時間、グループごとに音読劇での表現の仕方について考えた後、表現の仕方で同じところや違うところについて全体で話し合い、再度グループの表現を見直す。

[第三次]

⑧⑨グループで音読劇の練習をして、発表する。

3 単元の展開（第6時）

①導入

前時の三場面前半「がまくんは、どうせ『お手紙』なんて来ないとあきらめている」場面の音読の様子を動画を見ながら全体でふり返り、「今日の三場面後半のがまくんとかえるくんの様子をどのように音読劇で表すとよいだろうか」と問いかける。

ポイント！「問い」のもたせ方①　前時の動画を全体で見る際に、音読での表現の仕方や加えている動作のよい点を出し合うことで、音読の速さ・声の大きさ・抑揚、簡単な動作で人物の気持ちを表現できることを確認し、本時の場面での表現に対する意欲を高める。

②展開

本時場面の会話文と地の文を書いた台本用プリントを配付し、前時の場面の続きからグループで動作化を交えた音読の仕方を考える。児童は、プリントにどの役が読む文か、どのように読むか・動くかを確認しながら書き込みをしていく。その際、教師は次のような本時場面で考えさせたいポイントを中心に各グループの活動を観察する。

・誰の話した会話文かを正しく理解しているか。

・がまくんの気持ちの動きを意識しているか。

・がまくん役がベッドからいつ起きてくるか。

しばらくして、教師が考えさせたいポイントで共通点や相違点が見られるグループを二、三取り出し、全体の前で表現させる。他の児童には、同じところや違うところを考えながら発表を見させる。そうして気付いたことを発表させることで、学級全体で「がまくんの会話文はどんな気持ちで読めばいいのか」や「がまくんがベッドから起きたのはいつなのか」という「問い」を共有させ、がまくんの気持ちの動きについて全体で話し合うようにする。

ポイント！「問い」のもたせ方②　教師が本時場面で考えさせたいポイントをもって各グループの活動を観察し、表現の共通点や相違点に気付かせることによって、「なぜそんな表現にしたのか」、「どのように表現したらよいのか」という「問い」をもたせる。

③まとめ

全体での話合いを終えたら、再度グループで音読や動作化の表現について見直し、自分たちで音読劇の様子を録画して、本時のふり返りを書く。

ポイント！「問い」の解決法　全体での話合いで明らかにするのは、がまくんの気持ちの動きまでとし、どのように音読・動作化したらよいのかについては各グループで考えさせるようにする。

せつめいのしかたに　気をつけて読み、
それをいかして書こう

紙コップ花火の作り方／おもちゃの作り方をせつめいしよう

領域：読むこと／書くこと
教材収載：光村図書

[川上由美]

1 教材の分析と予想される「問い」

本単元では、「紙コップ花火の作り方」を読んで説明の工夫に気付き、それを生かしておもちゃの作り方を説明する文章を書く活動を行う。事柄の順序に沿って簡単な構成を考えて書く力を育成することのできる教材である。作り方を説明するには、「まず」「つぎに」等の接続語の使い方や何の部分を作るのかを伝える一文、具体的な数や長さ、それらを視覚的に理解させる写真等の工夫が必要になる。

児童には、相手意識・目的意識を明確にもたせるため、複数のおもちゃから自分が紹介したいものを選択させ、「おもちゃの作り方の説明書を書いて友達に紹介しよう」という活動目標を設定する。「作り方をどう説明したらいいのかな」という「問い」をもった児童に、本教材文を読んで自分でおもちゃを作る経験をさせる。児童は、おもちゃを作ることができても、説明の工夫に気付くまでには至っていない。そこで、「どうして作ることができたのかな」と教師が投げかけることで、「どんな説明の工夫があるのだろう」という「問い」をもたせ、分かりやすい説明書を書くための工夫について自ら考える原動力としたい。

2 単元の概要：単元計画（全12時間）

[第一次]

①学習のゴールを共有し、学習の見通しをもつ。

[第二次]

②〜⑤「紙コップ花火の作り方」を読んでおもちゃを作り、説明の工夫について話し合う。

⑥〜⑩同じおもちゃを選択したグループで事柄の順序等を話し合う。個人で簡単な構成を考え、説明書を書く。

[第三次]

⑪⑫完成した説明書を違うおもちゃを選んだ友達と読み合い、感想を交流する。全体で学びをふり返る。

3 単元の展開

①導入（第一次）

導入では、教師が準備した複数の手作りおもちゃで自由に遊ばせる。そこで、「おすすめのおもちゃの作り方の説明書を書いて友達に紹介しよう」という単元のゴールを共有し、紹介したいおもちゃを選択させることで、「作り方をどう説明したらいいのかな」という「問い」をもたせる。

ポイント！「問い」のもたせ方　複数のおもちゃから選択させることで、違うおもちゃを選択した友達に紹介する意欲と説明の仕方に対する「問い」をもたせる。

②展開（第二次）

「紙コップ花火の作り方」を読んで、自分でおもちゃを作れたことを褒めた後、「どうして説明書を読んだだけで作ることができたのかな」と投げかけると、「ここにこう書いてある」「写真を手がかりにした」等の気付きが出されることが予想される。自分と友達が気付いた説明の工夫の間に違いや共通点があることが分かることで、「他にはどんな説明の工夫があるのだろう」という「問い」を児童の中に生じさせる。授業では、実際に作る様子を拡大提示しながら、児童に本文のどこを見ているのかを出し合わせることで、説明の仕方のポイントをまとめていく。

ポイント！「問い」の解決法①　実際に制作過程を拡大提示しながら、児童に「どのように作ればよいか」「本文のどこを見たのか」を問うことで、書き手の工夫に着目させることができる。

おもちゃの説明書を書く活動においては、同じおもちゃを選択した児童でグループを編成する。作り方の手順を想起しながら書くことは2年生の児童には難しいため、ＩＣＴ機器を活用し、実際に作っている工程を写真や動画で記録させておく。

説明の工夫を使って書くことを意識させるだけでなく、「もっと分かりやすい説明書にするにはどうすればいいだろう」という「問い」をもたせたい。そのために、下書きの段階で分かりにくい部分を友達に指摘してもらったり、改善点をアドバイスしてもらったりする場を設定する。

ポイント！「問い」の解決法②　違うおもちゃを選択した友達と下書きの段階で交流し、実際に作ってもらうことで、自分の文章の不十分なところに気付くとともに、友達の説明の工夫を参考にし、よりよい文章を書こうという意欲につなげることができる。

③まとめ（第三次）

完成した説明書を読み合った後、作ってみたいおもちゃを選んで説明書を読みながら作り、感想を交流する。

思いうかべたことをもとに、お話をしょうかいしよう

みきのたからもの

領域：読むこと
教材収載：光村図書

[川上由美]

1 教材の分析と予想される「問い」

本教材は、主人公「みき」と、遠い星から来た「ナニヌネノン」の交流を描いた物語である。公園での宇宙人との邂逅という展開は、児童を惹き付け、わくわくさせることだろう。登場人物の行動や会話が丁寧に描写されているため、あらすじを捉えやすく、登場人物の行動を具体的に想像することに適した教材である。

本単元では、様子を思い浮かべながら読むことによって、解釈が深まり、より豊かに物語を楽しむことができることを児童に実感させたい。そこで、グループで物語を、音読と動作化を入れた劇にする活動を行い、各グループの共通点や相違点に気付かせる。そうすることで、「登場人物はどんな様子なのかな」という「問い」が児童の中に生まれる。その「問い」を基に話し合うことで、登場人物が何をしたのか、どのような表情・口調・様子だったのかなどを具体的にイメージしたり、行動の理由を想像したりすることができると考える。また、初発の感想と学習後の感想を比較させることで、読みの深まりを自覚させたい。

2 単元の概要：単元計画（全10時間）

[第一次]

①題名読みをし、範読を聞く。初発の感想を書く。
②学習課題を設定し、学習計画を立てる。

[第二次]

③登場人物の行動や出来事を確かめ、あらすじを捉える。
④～⑦劇化と話合いを通して、登場人物の行動を具体的にイメージしたり、行動の理由を想像したりする。

[第三次]

⑧お家の人に向けて、お話を紹介する文章を書く。
⑨書いた文章を読み合い、感想を伝え合う。
⑩学びをふり返り、今後に生かせることを話し合う。

3 単元の展開（第6時）

本時は、ポロロン星に帰るナニヌネノンをみきが見送る場面を中心に読む。

①導入

はじめに、前時の児童のふり返りを交流し、本文中の叙述に着目することで、登場人物の様子やその理由について想像を広げることができることを想起する。その後、本時で学習する場面を全体で音読する。その際、人物の様子が詳しく思い浮かぶと感じる言葉に線を引きながら読むようにさせる。

ポイント！「問い」のもたせ方　前時の想起を行うことで、「本時はどんな言葉に着目すると様子を具体的に想像できるのだろう」という「問い」と学習の見通しを児童にもたせる。

②展開

四人程度のグループに分かれ、劇を考えさせる。登場人物役以外は地の文を音読する。教師は各グループの活動の様子を見回り、本時で着目させたい叙述について表現を工夫したり表現が異なっていたりするグループを探しておく。

その後、いくつかのグループに全体の前で劇を発表させる。劇を見る児童には事前に、「それぞれのグループの劇で、同じところや違うところはどこだろう」と投げかけ、登場人物の動きや口調、表情などに注目させるようにする。

劇の発表後、児童が気付いた共通点や相違点を取り上げ、どうしてそのような表現にしたのかについて叙述を根拠にして話し合う。その際、着目させたい叙述をめぐって話合いが展開するよう、教師は意図をもった投げかけを行う必要がある。例えば、本時の場面では、「『目をかがやかせて』とはどのような様子なのか」「ナニヌネノンが『少しいそぐように言』ったのはなぜなのか」「みきが『なんども手をふ』ったときの表情や様子はどのようなものか」などについて、児童が行った劇と本文中の言葉とを結び付けながら話し合い、解釈を深めたい。

ポイント！「問い」の解決法　各グループの劇を見合って劇の共通点や相違点に気付かせ、なぜそのような表現にしたのかを話し合うことで、イメージや表現の根拠となった叙述に目を向けさせる。

③まとめ

本時の学習をふり返り、今回学習した場面で、お家の人に紹介したいところ（好きなところ、おもしろいなと思ったところ、不思議だなと思ったところなど）とその理由を記述させる。毎時間の学習のふり返りが、第三次でお家の人に向けたお話の紹介文を書く際の材料となるようにする。

だいじなことばに気をつけて読み、分かったことを知らせよう

ロボット

領域：読むこと
教材収載：光村図書

[川上由美]

❶ 教材の分析と予想される「問い」

本教材は、「ロボット」について、「どんなロボットか」と「どんなときに、どのように助けてくれるか」を、複数の事例を取り上げ説明した文章である。第一段落に示された二つの問いの文に対する答えの文を探すことで、文章の中の重要な語や文を考えて読むことができる。答えとなる各段落は、「❶どんなロボットか」「❷ロボットがすること」「❸どんな状況で困るか」「❹困る状況でどのように助けてくれるのか」という構造で書かれている。

本単元では、教材文の最後の筆者の投げかけから、本で調べたり自分で想像したりして、「このロボットはすごい」と思うロボットを教材文（❶～❹）のように紹介し合うことを最初に予告しておく。そうすることで、児童は「どんな説明の仕方をすればよいのかな」という「問い」をもち、各段落がどのように書かれているのか（各段落の❶～❹の構造）に目を向けて読むことができる。問いの文を本文中から自分で見つけ出し、それに対する答えの文を考えながら読むという経験を積み重ねることで、説明文の読みの構えを身に付けさせたい。

❷ 単元の概要：単元計画（全10時間）

[第一次]

①題名読みをし、経験を交流する。初発の感想を書く。

[第二次]

②問いの文から何について書かれた文章かを確かめる。

③～⑥各段落の「どんなロボットか」と「どんなときに、どのように助けてくれるか」について、大事な言葉に気を付けて読み、まとめる。

[第三次]

⑦～⑨すごいと思うロボットの説明を書き、紹介し合う。

⑩学びをふり返り、今後に生かせることを話し合う。

3 単元の展開

①導入（第一次）

題名読みをし、知っているロボットや理想のロボットについて交流する。全文を通読し、感想を交流した後、「すごロボ発表会をしよう」という単元のゴールを共有する。児童に、「自分がすごいと思うロボットを紹介するためにはどんな説明の仕方をすればよいのかな」という「問い」をもたせる。教室にはロボットに関する本を置いておく。

ポイント！「問い」のもたせ方① 単元のゴールを明確にし全体で共有することで、友達に説明する意欲と、説明の仕方に対する「問い」をもたせる。

②展開（第二次）

問いの文に対する答えを探しながら各段落の事例を読む。はじめに、前時の児童のふり返りを交流する中で、問いの文やそれに対する答えの文の探し方の確認を行い、「どんなロボットか」と「どんなときに、どのように助けてくれるか」という読みの視点を共有する。本時の学習の見通しをもたせ、「今日も答えの文が見つかるかな」という意欲を引き出したい。

ポイント！「問い」のもたせ方② 前時の想起で、児童から読みの視点や考え方を引き出し、見通しをもたせる。

各事例の読み取りにおいては、それぞれの文の役割（「❶どんなロボットか」「❷ロボットがすること」「❸どんな状況で困るか」「❹困る状況でどのように助けてくれるのか」）を考えながら読み、なぜその文がその役割だと分かったかを問うことで、各段落に共通する「このロボットは、〜」や、「このロボットがあれば、〜ときでも（ときに）、〜できます」という表現に目を向けさせる。同じ書き方に同じ色で傍線を引くことで、視覚的に文章の構造を捉えることができる。また、困る状況について児童のこれまでの経験を基に具体的にイメージさせるようにする。

ポイント！「問い」の解決法 事例の説明の中で前の段落と共通する書き方を探すことで、説明の構造に気付かせ、自分で説明を書くときに使えるようにする。

③まとめ（第三次）

本で調べたり自分で想像したりして、「このロボットはすごい」と思うロボットを紹介する活動を行う。教材文の説明の構造（❶〜❹）を想起させ、「どんなロボットか」「どんなときに、どのように助けてくれるか」に焦点化して説明を書くことができるようにする。

発表会では、友達が紹介したロボットのすごさに関する感想だけでなく、友達の説明の仕方のよさや工夫を伝え合うことで、学習のまとめにつなげる。

思いをつたえる手紙を書こう

すてきなところをつたえよう

領域：書くこと
教材収載：光村図書

[川上由美]

1 教材の分析と予想される「問い」

本単元では、学年の締めくくりとして一年間をふり返り、友達のすてきなところを手紙に書いて伝える学習を行う。自分の思いを書き、言葉にして伝えることは、相手にとっても自分にとってもうれしいことであるという実感を味わわせることのできる教材である。

書くことの指導においては、相手意識と目的意識を明確に児童にもたせることが肝要である。本単元では、「相手に思いを伝える」ことに焦点を当て、児童に「どうすれば思いが伝わる手紙が書けるだろう」という「問い」をもたせたい。そのために、教師が作成した手紙（具体的なエピソードがなく、段落構成がない例）と教科書に掲載されている二つの手紙とを比較させ、「なぜおおかわさんやあおきさんの手紙の方が書き手の思いが伝わると感じたか」と問うようにする。そうすることで、読み手の立場に立ち、「そんなことを覚えていてくれたのかと分かるとうれしい」「まとまりがあると読みやすい」等、内容や構成の工夫に着目できると考える。

2 単元の概要：単元計画（全9時間）

[第一次]

①学習活動について共有し、学習の見通しをもつ。

[第二次]

②一年をふり返り、手紙を書く相手を決める。

③思いが伝わる手紙の書き方について話し合う。

④～⑥友達のすてきなところをカードに書き、それを基に手紙を書く。

⑦手紙を読み返し、相手に渡す準備をする。

[第三次]

⑧手紙をもらって読み、カードに返事を書く。

⑨学びをふり返り、今後に生かせることを話し合う。

3 単元の展開

①導入（第一次）

導入では、一年間ともに過ごしてきた友達との生活や学習を思い出し、手紙を書くことへの意欲につなげたい。四月からの様子を写真や動画でふり返った後、「一緒に過ごしてきた中で見つけた、友達のすてきなところを手紙に書いて伝えよう」という学習活動を共有し、学習の見通しをもつことができるようにする。

②展開（第二次）

四人程度のグループに分かれ、グループ内で手紙を書く相手をそれぞれ決める。児童の関係性によっては、すてきなところをすぐには書けないこともあると考えられるため、余裕をもって相手のすてきなところを見つける期間を設定する。実際に手紙を書く活動に入る前に、「思いが伝わる手紙の書き方」について話し合う。はじめに、「先生も隣のクラスの先生宛にすてきなところを伝える手紙を書いてみた」と言い、「○○先生はやさしいですね。いつもやさしいなと思います。すてきです」という手紙を提示する。児童に「それでは思いが伝わらない」と思わせることで、「どうすれば思いが伝わる手紙が書けるだろう」という「問い」をもたせたい。

ポイント！「問い」のもたせ方　課題のある例を提示することで、望ましい例の内容や書かれ方に着目させる。

その後、教科書の二例の手紙と比較させることで、具体的なエピソードを入れることや、内容ごとに段落を分けること等の思いが伝わる手紙の書き方のポイントについて話し合う。それを踏まえ、「ではどう書き直したら、○○先生に思いが伝わる手紙になるのかな」と投げかけ、その先生のすてきなところやそう感じたときのことを交流しながら隣のクラスの先生宛の手紙を全体で作成する。

ポイント！「問い」の解決法　全体で一つの手紙を完成させることで、思いが伝わる手紙を書くポイントを自分の手紙を書く際にも生かすことができるようにする。

手紙の構想段階においては、人物の様子や性格を表す言葉（責任感がある、努力家、〜が上手、等）を多く提示することで、語彙を広げることができるようにする。また、推敲段階では、「思いを伝える」ためには、文章の正誤や適否だけでなく、丁寧に書くことも大切であることに気付かせたい。

③まとめ（第三次）

相手に手紙を渡し、もらった手紙に対してカードに返事を書く。最後に、単元の学習をふり返り、今後に生かせることについて話し合う。

読んで、かんじたことをつたえ合おう

スーホの白い馬

領域：読むこと
教材収載：光村図書

［星野直樹］

1 教材の分析と予想される「問い」

本教材では、少年スーホと白馬との強く温かな絆や殿様の横暴、白馬の死等が描かれ、読み手は、物語を読みながら、様々な感情を抱くことになる。2年生児童には、登場人物の言動や出来事について強く心に残ったことを見つめさせ、交流させたい。

そのために、単元の導入では、黒板上で初読の感想を基に、最も強く心に残った場面に一人ずつ自分の気持ちを表現する「気持ちマーク」（喜・怒・哀・楽の表情を表したもの）を選択して貼る。全員が貼り終わった後、全体を見て共通点や相違点を述べ合うことで、「同じ物語を読んだのに、違う場面を選んだり違う感じ方をしたりするのはどうしてだろう」という最初の「問い」が生まれる。そこで、「それぞれの場面で心に残ったことを交流して、自分にとって一番心に残った場面を見直そう」という単元の課題を設定する。毎時間、最初にその場面を読んで感じた自分の感情を気持ちマークで表現した後で、その根拠や理由について話し合う。最後に「今日の場面を読んで、自分はどんな気持ちになったか」を再度気持ちマークで表現し、その理由を書くようにする。

2 単元の概要：単元計画（全10時間）

［第一次］

①読み聞かせを聞き、初読の感想を書く。

②感想を交流し、共通点や相違点に気付き「問い」をもつ。

③挿絵を手がかりに場面を分け、あらすじを確認する。

［第二次］

④〜⑧前書き・一場面では中心人物の人物像をまとめ、二〜四場面の各時間、人物の行動や会話、場面の様子を基に、自分がどんな気持ちになったのかを話し合う。

［第三次］

⑨⑩物語全体を通して一番心に残った出来事や人物の行動、会話を挙げて自分の気持ちを書きまとめ、紹介し合う。

3 単元の展開（第5時）

①導入

本時は、スーホが白馬と競馬大会に出て一等になるが、殿様が娘と結婚させる約束を破り、スーホから白馬を奪う場面である。導入では、教師が提示した複数の本時の場面の中から「強く心に残ったところ」を選び、その出来事や人物の行動、会話の箇所に線を引いて、気持ちマークを選択して全員の児童に貼らせる。そうすることで、「今日の場面で、友達はどうしてあの（表情の）気持ちになったのかな」という「問い」をもたせる。

ポイント！「問い」のもたせ方　「白馬に乗って先頭を走るスーホ」「殿様に言い返すスーホ」「殿様がスーホから白馬を取り上げたところ」等、複数の場面を提示し、全員の感じたこととの違いが気持ちマークで視覚的に表されることで、「問い」をもたせる。

②展開

教師が提示した複数の場面ごとに、それぞれが気持ちカードを貼った根拠となる出来事や人物の行動、会話について話し合う。

例えば、「スーホが殿様に夢中になって言い返す」場面では、「怒」の気持ちマークを貼った児童が多くいると思われる。児童には、先に線を引いた叙述のみを発表させる。児童からは、「おまえには、ぎんかを三まいくれてやる。その白い馬をここにおいて、さっさと帰れ」「…ものども、こいつをうちのめせ」等の部分が出されるだろう。その会話文からどうして「怒」の気持ちになったのかについて出し合うと、「約束を破ってひどいと思った」「スーホが大好きな白馬をたった三枚の銀貨と交換しろと言う殿様に腹が立った」等、多様な理由が出される。教師から、「なぜスーホは、立場の違う殿様に言い返せたのか」を問うことで、児童はスーホが白馬を大切に育てたこととつなげて想起し、「兄弟のような白馬と一緒にいたかったから夢中で言い返した」等、スーホの白馬への思いを考えるだろう。

ポイント！「問い」の解決法　感じたこと（表情）と根拠となる叙述のみを先に発表させることで、友達がそこからなぜそのような感情になるのかを予想することができ、自分の読みを見直すきっかけにすることができる。

③まとめ

本時の場面を読んで、再度「強く心に残ったところ」を見直し、気持ちマークとその理由をまとめ、交流して学習をふり返る。

第3学年の指導ポイント

「抽象と具体との関係」に着目し、「分類する」「まとめる」思考を働かせる

［國本裕司］

1 第3学年の教材の特徴と重点

第3学年では、「読むこと」の教材では「モチモチの木」「すがたをかえる大豆」等を読み、「書くこと」の教材では報告する文章等を書きます。これらの教材を通して「登場人物の人物設定」や「主人公の変容」、「全体と中心の関係」や「各事例の中心文とそれを支える具体的な説明との関係」等を指導していきます。これらの指導事項から、第3学年では、「抽象と具体との関係」に着目し、「分類する」「まとめる」といった分析的、精査的な思考を働かせることが重要だといえます。このような着眼や思考を働かせるためには、「比較する」「理由付ける」「置き換える」といった思考が必要となります。そのため3年生では次のような「問い」を生成できるようにします。

○比較する（情報を分けたりまとめたりする）

・どこで、どのように変わっているか。

・どのように分けられる（まとめられる）か。

○理由付ける（目的や理由を明確にする）

・なぜ○○は～なのか。

○置き換える（情報の関係性や論理性を捉える）

・自分だったら～するけど、なぜ…。

・○と△を入れ替えたらどうなるだろう。

2 問える子にするための日常的な取組

⑴週末調べ学習

「問い」を生み出すには、児童の興味・関心が原動力となります。週に一回、テーマは何でもよいので、自分が調べたい「問い」（疑問）について、調べ学習を行いました。児童は、調べてみたい「問い」（疑問）が思い浮かんだときにノートにメモして、週末に調べ学習をしてきました。「問い」（疑問）は、例えば、「家庭のごみはどこにいくのか」、「警察に連絡する番号は、なぜ一一〇番なのか」、「砂

糖はどうして甘いのか」等、児童にとって身近な事物についてです。児童は、「早く調べたい」と、週末が待ち遠しい様子で、とても意欲的に取り組んでいました。また、「今週、何調べるの」、「その『問い』、いいね」と友達の「問い」（疑問）にも興味をもっていました。「問い」が解決すると、「インターネットで調べて、分かってスッキリしました」と、とても達成感を感じている様子でした。そして、調べた情報については、「情報のビックリ度」という観点から、それぞれがランキングにして整理していきました。こうして、常に「問い」（疑問）はないかなと、アンテナを立てて生活する習慣を付けていきます。

(2)調べ学習の共有方法

調べ学習してきたことを全体で共有する際には、「スライド」を使いました。まず、それぞれで調べ学習してきたノートの写真を、スライドに取り込ませます。そして、教師が一人ひとりのノートに、一言、価値付けのコメントを入れてから、児童に全員の調べ学習を見せるようにします。教師が一言コメントを入れることで、調べ学習のどこが、どのようによいのかを児童に示すことができます。その後、児童同士でもコメントを入れ合う時間を設定します。友達からの価値付けのコメントを見ることで、「また調べ学習をしたい」という次への意欲付けになります。

児童の「問い」づくりには視点が必要

物語文「モチモチの木」の学習で、視点や例を全く与えることなく、ただ指示だけを与えて、「問い」をつくらせたことがありました。

児童は、とても意欲的に多くの「問い」をつくっていきました。私は、「すごい、こんなに意欲的に『問い』をつくっている。とてもよい単元になるに違いない」と、わくわくする気持ちでいっぱいでした。

しかし、「じゃあ、みんながつくった『問い』を教えて」と問いかけると、「なぜ昔は、べんじょのことをせっちんと呼んでいたのか」、「なぜ豆太はおじいさんではなく、じさまと呼ぶのか」、「なぜモチモチの木の絵は怖いのか」等、考えても分からない、みんなで話し合えないような「問い」が、クラスで約二百個出されました…。さすがにそのような「問い」を二百個は扱いきれないと思い、もう一度、視点を与え、「問い」をつくり直してもらいました。すると、児童から出された「問い」は、豆太とじさまの性格や豆太の変容、終わり方等の四つの「問い」にまとめることができました。

この経験から、指導事項と結び付くような「問い」をつくらせるには、視点を与えることが大切であるということを学びました。

段落の中心をとらえて読み、かんそうを伝え合おう

文様／こまを楽しむ

領域：読むこと
教材収載：光村図書

[國本裕司]

1 教材の分析と予想される「問い」

本単元では、「段落」「中心」「文章構成」を初めて学習する。学習を通して児童は、「はじめ」には話題提示や問い、「中」には問いの答えや事例、「終わり」にはまとめが書かれていて、それぞれがどうつながっているのかを捉える。また、段落がひとまとまりの内容になっていて、「はじめ」の問いの文に対する答えが、「中」の段落の内容を端的に示す中心文になっていることを捉えていく。

これらの内容を練習教材「文様」では教師と児童で一緒に考え、主教材「こまを楽しむ」では児童で考えることができるようにしていく。

授業では段落を一ページに見立てた簡単な絵本作りを設定することで、「はじめ」のページの問いの文と「中」の各ページの答え（中心文）との関係、段落内で中心文を支えるそれ以外の文との関係を意識できるようにする。

同じ視点での絵本作りを二つの教材で繰り返すことで、「問いの文はどこかな」、「いくつあるかな」、「問いの文の答えとなる、段落の中心文はどこかな」という「問い」が生じるだろう。また、中心文を捉えることで、「中心文以外のところには何が書かれているかな」という支える文に対する「問い」へと更新されていくと考える。

2 単元の概要：単元計画（全8時間）

[第一次]

①教師が提示した既習教材の絵本から「はじめ・中・終わり」の役割を知り、練習教材「文様」を読んで、文章の構成や問いの文を捉える。

②各段落の中心文とそれを支える文をまとめる。

[第二次]

③教材「こまを楽しむ」を読み、「問い」をもつ。

④「はじめ・中・終わり」に分け、問いの文を捉える。

⑤⑥中心文と、それを支える文をまとめる。

［第三次］

⑦六つのこまの中から一番遊んでみたいこまを選んで理由を絵本にまとめ、全体で交流する。

⑧出来上がった絵本を基に、文章構成や段落の中心を捉えられるようになった自分の成長をふり返る。

3 単元の展開（第1～6時）

①導入（第1・2時）

導入段階では、前学年教材「ロボット」を簡単な絵本にしたもの（「はじめ・中・終わり」でページの色分け、一段落で一ページ）を提示し、自分も絵本を作ってみたいという思いをもたせる。練習教材「文様」で教師から「はじめ・中・終わり」を教え、「❶どの色のページが何枚いるかな」、「❷絵本の『はじめ』のページに書く問いの文はどの文で、いくつあるかな」、「❸『中』のページに書く問いの答えになる文はどこかな」など絵本作りと関わらせながら問いかけていく。その際に、一つの「段落」にはひとまとまりの内容が書かれていることや、「中心文」を捉えることで、段落の内容を簡単に捉えることができることを教える。また、「中心文」を学ぶことで、「中心文以外の文は必要なのかな」、「❹中心文以外のところには何が書かれているのかな」という新たな「問い」が生まれてくるので、中心文以外の文が、中心文の内容を補足し、支えているという役割を捉えさせる。

ポイント！「問い」のもたせ方　教師が提示したような絵本を作りたいという思いから、文章構成や問いと答えの関係に着目させる。教師から児童に順に問いかけながら絵本作りを行っていくことで、主教材における児童の「問い」へとつながっていく。

②展開（第3～6時）

展開段階では、「文様」と同様に主教材「こまを楽しむ」を絵本にしていく。どのような「問い」をもって読んでいけばいいのかを児童に尋ね、❶～❸（❹）の「問い」を確認する。確認した「問い」について、全体で順に解決していくと、「各ページに書く内容が足りないのではないかな」という新たな「問い」が生じる。そこで、教科書掲載の写真の必要性に気付かせ、支える文の説明と一緒に絵本に入れるようにする。

ポイント！「問い」の解決法　説明的文章の読み方として練習教材で学んだ「問い」を明文化して確認し、全体で順に解決していくようにする。

登場人物のへんかに気をつけて読み、感想を書こう

まいごのかぎ

領域：読むこと
教材収載：光村図書

[矢野裕紀]

1 教材の分析と予想される「問い」

この時期の児童は、人物の変化を読むことが求められるが、物語全体を見渡してその変化や理由を考えることは難しい。本教材は、各場面で出来事に対する人物の気持ちの変化が繰り返され、場面ごとに出来事や人物の行動、その気持ちの変化を読むのに適した構造となっている。

初読後、児童の感想や疑問は次の二つに集中する。

・場面ごとに起こる出来事のおもしろさや不思議さ
・人物の行動や気持ちの変化のおもしろさや不思議さ

感想や疑問を出し合い、その違いから「話合いを通して、自分の中でのおもしろさがどのように変わるかな」と投げかけ、個々の児童に「自分にとって一番おもしろい場面はどこだろう」という単元全体での「問い」をもたせる。また、それぞれの疑問については、必要に応じて授業の中で取り上げたり、各授業の最後に確認したりするようにする。

2 単元の概要：単元計画（全6時間）

本単元では、場面ごとに出来事に対するりいこの変化について心情曲線で表現し、根拠となる叙述や理由について話し合う活動を設定する。最後には、自分が一番好きな（おもしろいと思った）場面を中心に感想を書くようにする。

[第一次]

①感想や疑問を交流し、単元全体の「問い」をもつ。

[第二次]

②〜④場面ごとの出来事を整理し、りいこの気持ちの変化を心情曲線に表現して話し合う。最後に、物語の最初と最後での、りいこの変化について話し合う。

[第三次]

⑤物語で自分が好きな場面を中心に感想を書く。
⑥自他の感想を共有し、考えの共通点や相違点を知る。

3 単元の展開（第1～4時）

①導入（第1時）

まず、タイトルから物語への興味をもたせ、おもしろかったことや不思議に思ったことを中心に感想を記述させて交流する。児童は場面ごとのおもしろさから感じる出来事や人物に対する感想や疑問（「りいこが何度もかぎをさしてしまうのがおもしろかった」、「最後のうさぎはどうしてうれしそうに手をふっていたのか」等）を出すだろう。

これらの個別の感想や疑問が各場面にあることを確認し、「話合いを通して、自分にとって一番おもしろい場面がどのように変わるかな」と投げかけることで、個々の児童に「自分にとって一番おもしろい場面はどこだろう」という単元全体での「問い」をもたせる。交流の中で出された疑問については、各場面で考えていくことを確認する。

ポイント！「問い」のもたせ方　基本的な読み方を学ぶ段階の中学年では、個別の「問い」を追究させるのではなく、それぞれの感想の違いから、「学習を通して、自分にとって一番おもしろい場面は、どのように変わるのか？」という単元全体を通した「問い」をもたせるようにする。そうすることで、各場面でそれぞれの疑問を解決しながら、指導者のねらいに迫る活動にすることができる。

②展開（第2～4時）

場面ごとの出来事を整理し、物語のあらすじや内容の大体を確認した後は、場面ごとにりいこの気持ちが分かる叙述に傍線を引かせ、気持ちの変化を心情曲線に表して話し合う活動を行う。心情曲線は、上から「プラスの気持ち」、「夢中になっている」、「マイナスの気持ち」の三つの領域に分けて表現させる。児童は、「りいこの気持ちはどのように変化しているのかな」、「自分の考えは、みんなと同じかな」と、「問い」を更新しながら活動することになる。

心情曲線を基に話し合う際は、りいこの気持ちが直接書いてある叙述（「びっくりした」等）や解釈が必要な叙述（「すいこまれるように」等）を児童から出させながら、気持ちの上がり下がりを考えさせていくようにする。

各場面の最後には、話し合った心情曲線を見ながら「この場面でおもしろいと思ったところはどこか」、「どんな疑問が解決できたか」を出し合うようにする。第4時の最後には、物語全体を通したりいこの変化についても考えさせるようにしたい。

ポイント！「問い」の解決法　心情曲線を基にした話合いを通して、出来事による人物の気持ちの変化を捉えさせ、場面のおもしろさを改めて考えさせるようにする。

組み立てを考えて、ほうこくする文章を書こう

仕事のくふう、見つけたよ

領域：書くこと
教材収載：光村図書

[國本裕司]

1 教材の分析と予想される「問い」

本単元で扱う報告する文章を書くためには、学習過程での情報の収集（調査）が大切である。そこで、同時期に社会科で仕事に関わる単元が設定されていることから、社会科の学習と関連させ、報告書を書く活動を設定する。

まず、社会科で事前に「値段」「品揃え」「新鮮さ」「便利さ」などの見学の視点をもたせ、実際にスーパーや工場を見学し、仕事の工夫について詳しく調べる。国語科では、調べたことを整理し、構成を考えて報告書にまとめる。見学前に、「お家の人に、仕事の工夫について報告する文章を書く」という相手や目的を設定することで、「どうやって報告するとよいのか」という「問い」をもたせて教科書のモデル文の分析をし、「自分だったらどのように表現するとよいか」という個々の「問い」へと更新させていく。

2 単元の概要：単元計画（全9時間）

構成の検討や記述の際には、教科書のモデル文や教師作成の不十分なサンプル文を比較させるようにする。

［第一次］

①②相手や目的を伝え単元を設定し、学習計画を立てる。

［第二次］

・社会科見学をし、仕事の工夫を取材する（社会科）。

③モデル文とサンプル文を比較し、構成を考える。

④⑤構成メモを作り、構成メモに沿って下書きする。

⑥モデル文とサンプル文を比較し、記述の仕方を考える。

⑦相互評価の場を設定し、互いのよさを伝え合う。

⑧下書きを修正し、清書する。

［第三次］

⑨お家の人からの感想を基に、単元をふり返る。

3 単元の展開（第3、7・8時）

①導入・展開（第3時）

社会科見学のふり返りをし、たくさんの仕事の工夫があったことを確認する。その後、報告する文章を書く相手や目的を想起させ、「報告する文章にはどのようなことを書けばよいのか」について問いかけ、予想を立てさせる。

ポイント！「問い」のもたせ方　全体で必要な項目について予想や考えた理由を出し合うことで課題意識が高まる。教師から項目を書いたカードを提示して選ばせてもよい。

報告書の構成から考えていくことを確認し、教科書のモデル文（調べた理由→調べ方→調べて分かったこと→まとめ）と教師作成の報告の順序が違ったり必要ない情報を含んだりするなどしているサンプル文（調べ方→調べた理由→店の場所→調べても分からなかったこと→まとめ）を比較し、「どちらの報告が読んだ人に伝わるか」について話し合う。報告する文章の組み立てとして、報告には順序があること、報告する内容である「調べて分かったこと」が一番大切であることやそれを伝えるために必要な情報を書くことを理解させる。

その後、報告する文章の組み立てを基に、再度自分が報告する文章を書く相手や目的を確認させることで、「自分だったら、組み立ての中でどのような内容を報告するか」という、「問い」に更新される。そこで、もう一度教科書のモデル文について見直す必要性が生まれ、教科書を見直しながら構成メモを作成する第4時につながっていく。

ポイント！「問い」の解決法①　教科書のモデル文について理解させたい箇所を不十分にしたサンプル文を提示し、児童に比較させることで、文章の組み立ての意味や報告の目的に合った情報の必要性に気付かせる。

②展開（第7・8時）

出来上がった下書きを友達と相互評価する場面を設定する。互いの報告書の下書きをタブレット上で読み合い、付箋機能を用いて、友達の報告書のよい点や取り入れたい点を内容面、記述面に色分けして評価していく。

相互評価が終わったら、自分の下書きを読み直し、友達の報告書から取り入れたいことを中心に、下書きを修正していく。この際、友達や先生に相談したい場合は、自由に相談してもよい場を設定し、各自で下書きを清書していくようにする。

ポイント！「問い」の解決法②　報告書を読み合う際に、それぞれの児童が報告する相手や目的、工夫した点も一緒に見られるようにしておくことで、自分の場合と比較しながら、取り入れる点を考えやすくする。

話し合って考えを広げる練習をしよう

こんな係がクラスにほしい

領域：話すこと・聞くこと
教材収載：光村図書

［矢野裕紀］

1 教材の分析と予想される「問い」

本教材では、毎日の学校生活を楽しく過ごすために、学級にどんな係があるとよいかについてグループで話合いを行う。児童は、欲しい係とその理由や目的を出し合いながら、それぞれに質問したり、考えを足したりする。その中で、グループで出た意見を比較・分類して整理し、必要なことを順序付けてまとめていかなければならない。

本単元は、互いの考えを話し合い、質問し合う「考えを広げる」段階と、話し合った考えをグループで整理する「考えをまとめる」段階とで構成する。まず自分たちの対話の課題を意識させ、「どのような話し合い方をすれば、意見をまとめられるか」という「問い」をもたせる。「考えを広げる」段階では、児童は欲しい係について互いに意見を出し合う中で、「理由や目的は何かな」と考え、「共通しているところは何だろう」と比較・分類を行う。また、「考えをまとめる」段階では、「係の名前は目的に合っているかな」、「より目的に合う仕事の内容はどっちだろう」等のような視点で順序付け、整理することが必要となるだろう。

2 単元の概要：単元計画（全3時間）

本単元では、これまでの自分たちの対話の課題から「問い」をもたせ、グループで対話・ふり返りを二度繰り返せることで、それぞれの児童に対話する力の高まりを実感させるようにする。

①これまでの自分たちの対話の課題から「問い」をもち、話題について「考えを広げる」話合いをする。
②話題についてグループで「考えをまとめる」話合いを行い、自分たちの話し合い方をふり返る。
③新たなグループで話題について「考えを広げる」「考えをまとめる」話合いを行い、学習をふり返る。

3 単元の展開

①導入（第1時前半）

まず、これまでの話合いをふり返る。児童からは、多くのできるようになったことがある一方で、何かを選ぶような場面では、「多数決で決めることが多かった」や「けんかになることがあった」等のような課題が出されるだろう。そこで、教師から「どんな話し合い方をすれば、みんなが納得して選ぶことができるか」を投げかけ、予想させることで「問い」をもたせる。

ポイント！「問い」のもたせ方　自分たちの対話の課題に目を向けさせ、学ぶ必要性をもたせるとともに、「どのように話し合えばよいか」を投げかけ、「問い」をもたせる。

②展開（第1時後半～第2時）

教材文を読み、話し合う話題や条件について知らせる。個人で「みんなが楽しく過ごすための係」（目的、理由）について考えをつくった後、グループで「考えを広げる」話合いを行う。グループで、それぞれの「欲しい係」について自由に付箋に書き出し、目的や理由、仕事の内容を説明しながら出し合わせる。その際、分からないことは、質問するように促す。そして、グループでそれぞれの係の共通点を基に分類させるようにする。

第2時では、「考えをまとめる」話合いを行う。児童は、グループで前時までに分類した考えの中から、「みんなが楽しく過ごせる係」という視点で順序付けして一つを選択する。そして、選択した係に対して、「たくさん考えた仕事の中から、目的に合わせて二つに絞るとすれば、どの仕事かな」、「目的に合わせて名前を…に変えたらどうだろう」等、よりよい考えを付け足しながら考えをまとめさせる。話合い後、考えをまとめることができた要因や課題を出し合い、話し合い方のポイントを共有する。

ポイント！「問い」の解決法　「考えを広げる」「考えをまとめる」話合いで比較・分類・順序付けする視点や話し合った後の成果と課題を確認し、全体で共有する。

③まとめ（第3時）

第3時では、前時に共有したポイントを確認し、新たなグループで同様に「考えを広げる」「考えをまとめる」話合いを行う。活動中は、教師がタブレット等を用いて、ポイントを体現している児童の話合いの様子を撮影して回り、終末場面で児童が学習のふり返りを発表した後で、動画を見せながら、「互いの考えを認め合いながら、友達の意見と同じところを見つけて分けていたね」や「友達の意見について質問したり考えを足したりして考えを広げていたね」等のような価値付けを行うようにする。

場面をくらべながら読み、感想をまとめよう

ちいちゃんのかげおくり

領域：読むこと
教材収載：光村図書

[矢野裕紀]

1 教材の分析と予想される「問い」

本教材は、小学生にとって初めて「戦争」を題材とした文学である。家族と一緒にかげおくりをする場面、家族と離ればなれになる場面、家族の帰りを一人待ち続ける場面、衰弱した体でかげおくりをする場面等、それぞれの場面を比較することで、主人公であるちいちゃんの置かれた状況や気持ちの変化を読み取ることができる。

本教材を初めて読むと、児童は「悲しい」と感じるだろう。そこで、「どうしてみんなが読んで悲しいと感じるのか」という「問い」を出発点に、「各場面のどんなところから悲しさを感じるのか」について話し合う計画を立てる。また、各場面で感じる悲しさを涙の数（悲しさのバロメーター）で表し、そう感じた根拠や理由について話し合う活動を設定する。そうすることで、各場面で感じた悲しさが数値化され、その数値の違いから、「他の人とどうして違うのだろう」」、「前の場面との違いは何だろう」という「問い」へと更新され、ちいちゃんの置かれた状況や気持ちの変化の気付きへとつながっていくこととなる。

2 単元の概要：単元計画（全10時間）

【第一次】
①②初発の感想から悲しさを共有し、「問い」をもつとともに、学習計画を立てる。

【第二次】
③悲しさバロメーターを基に自分の考えをつくる。
④一場面の悲しさについて叙述を基に話し合う。
⑤二場面の悲しさについて話し合い、一場面と比べる。
⑥三場面の悲しさについて話し合い、二場面と比べる。
⑦四場面の悲しさについて話し合い、一場面と比べる。
⑧五場面の悲しさや場面の意味について話し合う。

［第三次］

⑨⑩強く心に残った場面を基に感想を表し、伝え合う。

3 単元の展開（第6時）

①導入

前時に話し合った二場面で感じる悲しさや一場面との比較によるちいちゃんの状況の変化について想起する。

その後、本時で話し合う三場面について各自の悲しさバロメーターの数値を発表させる。出された数値から教師が、「この場面では、悲しさを…と感じている人が多いようですね」や「…と…に分かれたね」のように傾向を伝えたり、「前の場面と比べると、（より悲しい・同じくらい・悲しくない）のどれかな」と比較を促したりする。

ポイント！「問い」のもたせ方

教師が全体でのバロメーターの数値の傾向を確認したり、前の場面との比較を促したりすることで、児童に本時の場面での自分が悲しさを感じる叙述やその解釈、前の場面からのちいちゃんの変化について追究する「問い」をもたせる。

②展開

悲しさを感じた叙述に傍線を引かせ、その理由について自分の考えをつくらせる。その後、傍線を引いた叙述のみを出し合わせ、黒板上で整理する。

児童からは、「ちいちゃんは、なくのをやっとこらえて言いました」や「ちいちゃんは、深くうなずきました」、「お母ちゃんとお兄ちゃんは、きっと帰ってくるよ」といった叙述が出されることが予想される。出された叙述に対して、「そこから、なぜ悲しさを感じるのか」について全員で意見を出し合わせる。児童は、ちいちゃんの気持ちについて、「家族が帰ってくると自分に言い聞かせているんじゃないか」、「家族は本当は戻ってこないとあきらめているんじゃないか」等の解釈を発言するだろう。また、二場面で感じた悲しさと比較して、「どちらの方が悲しさを感じるか」を問いかけることで、家族を待ち続けるちいちゃんの置かれた状況や気持ちの変化について考えさせるようにする。

ポイント！「問い」の解決法

それぞれの児童に悲しさを感じた叙述を出し合わせ、同じような叙述に着目していることに気付かせる。また、線を引いた理由やちいちゃんの変化について全員で話し合うことで、いくつもの解釈が出され、自分の解釈について見直すことができる。

③まとめ

学習の終わりに、改めて、この場面の「悲しさ」をバロメーターで表すとともに、自分の読みが話合いを通してどのように変化したのかをまとめさせ、交流する活動を設定する。

進行にそって、はんで話し合おう

おすすめの一さつを決めよう

領域：話すこと・聞くこと
教材収載：光村図書

[國本裕司]

1 教材の分析と予想される「問い」

本教材は、役割や進行に応じて話し合うことへの理解を深め、進行を意識して話し合えるようにすることをねらいとする。この時期の3年生児童の話合いの様子を見ると、一人の意見に流されたり、多数決で決めたりしている様子が見られる。そこで、単元の最初に、今までの話合いをふり返り、「どうすればみんなが納得するように意見をまとめることができるのだろうか」という「問い」をもたせる。また、「1年生を楽しませる遊びを決める」という話題を提示することで学習への意欲を喚起するとともに、教科書を読んで話合いにおける進行の必要性を感じさせる。「どのような役割や進行が必要なのか」という「問い」から、教科書のモデルを分析して、全員で評価の観点を作成する。

また、複数回の話合いを設定することで、より多くの役割を体験させたい。その際、作成した評価の観点を基に、できるようになったことを評価させる。話合いを重ねる中で、「さらにどの観点をよくしていきたいか」というグループごとの「問い」へと更新させていく。

2 単元の概要：単元計画（全8時間）

本単元では、意見をまとめる話合いについて、進行を考えながら二回の話合いを設定するようにする。

[第一次]
①②今までの話合いの課題を出し合い、学習計画を立てる。
[第二次]
③話合いの目的と決めることを確かめ、考えをつくる。
④教科書のモデル文を分析して評価の観点を作成し、役割を決める。
⑤「1年生とする遊び」を決める話合いをし、ふり返る。
⑥⑦実際に遊んだ後、二回目の遊びに向けた話合いの役割を決め、話し合ってふり返りをする。

［第三次］

⑧実際に遊んだ後、話合いの仕方で学んだことを伝え合う。

3 単元の展開（第4・5時）

①導入・展開前半（第4時）

第4時では、まず教科書のモデル文と教師作成の課題のあるサンプル文を提示し、「どちらの話合いの進め方がよいか」について問いかける。児童には、モデル文と課題サンプル文の比較を通して、「司会は、ところどころで意見を整理したり、話がそれたときには元に戻したりすること」、「最初に話合いの目的と進め方を確かめ、それに沿って話合いを進めること」、「友達の意見と同じところや違うところをはっきりさせながら意見を述べること」が大切であることに気付かせたい。そして、モデル文とサンプル文の違いを見つけて終わりにならないように、必ずよいと思った理由を出させるようにする。本時出された進め方のよさを全員でまとめ、話合いを評価する際の観点とする。話合いの役割の理解が共有できたところで、役割を決める。

ポイント！「問い」のもたせ方

サンプル文は、教科書のモデル文を参考に、児童に考えさせたい部分を変えるとともに、その部分の効果を比較を通して考えられるように、話合いがうまく進まない様子を入れて作成する。

②展開後半・まとめ（第5時）

第5時では、全員でまとめた話合いを評価する観点を意識しながら、実際に話合いを行い、各グループで話合い後に自己評価を行う。そのために、教室内や黒板等に掲示した評価の観点を見たり、タブレット等で自分たちの話合いの様子を動画撮影したりしながら話し合わせるようにする。

話合い後に撮影した動画を見返して評価させるため、話合いの時間を10分程度にする（児童の実態に合わせて調整する）。動画を見ながら、それぞれが◎、○、△等で評価した内容をグループで共有し、できるようになったことや次回の話合いでがんばりたいこと等を確認する。児童は評価の観点を基に、「話がそれたときに、司会の発言で話を戻すことができた」、「最初に確認した話合いの目的や進め方に沿って話合いを進めることができた」、「次は、○○君の意見と同じで～というような発言をがんばりたい」のようなふり返りをするだろう。

その後、決まった内容や話合いの仕方でふり返ったことをグループごとに発表し、全体で共有する。

ポイント！「問い」の解決法

話合いを動画でふり返る際には、評価の観点を基に、「これまでの話合いと比べてどこがよくなったか」と問い、できるだけ肯定的な評価をさせるようにする。

すがたをかえる大豆／食べ物のひみつを教えます

れいの書かれ方に気をつけて読み、それをいかして書こう

領域：読むこと／書くこと
教材収載：光村図書

［國本裕司］

1 教材の分析と予想される「問い」

本単元は、本教材「すがたをかえる大豆」で学んだことを生かし、別の食材のすがたの変え方について書く複合単元となっている。書く活動に生かすために、本教材では、全体と中心の関係や各事例の中心文とそれを支える具体的な説明との関係、事例の順序等を読ませていく必要がある。

まず本教材を読み、感想を交流した後で、「すがたをかえる○○ブックを作る」という単元のゴールを伝えることで、児童に「国分さんは、すがたをかえる食べ物をどのように工夫して伝えているのだろうか」という「問い」をもたせる。そして、各段落の一文目がおいしく食べる工夫についてまとめられた中心文であり、その後に具体的な食品や手の加え方になっていることや、接続語を使って事例が分かりやすい順に書かれていること等、筆者の工夫を読み取っていく。その後、「私の『すがたをかえる○○ブック』には、国分さんの工夫をどのように生かすことができるか」という「問い」に更新され、書くことへとつながっていく。

2 単元の概要：単元計画（全15時間）

［第一次］

①国分さんの説明の工夫を見つけ、すがたをかえる○○ブックを作るという学習の見通しをもつ。

［第二次］

②「はじめ・中・終わり」に分け、文章構成を捉える。
③～⑤中心文を見つけ、段落内の具体との関係を捉える。
⑥事例の順序について考え、段落相互の関係を捉える。
⑦ここまでの学習から、筆者の説明の工夫をまとめる。

［第三次］

⑧～⑩並行読書で読んだ他の食べ物についての本から、食材を決めて調べ、調べた内容を整理する。
⑪～⑬事例や文章全体の構成を考えて下書きし、清書する。

⑭⑮友達と文章を読み合い、感想を伝え合う。

3 単元の展開（第3～5、10時）

①導入・展開（第3～5時）

第3～5時では、中心文を見つけて段落内の具体との関係について考え、事例の書かれ方について捉える。

第3時では、前時に見つけた隠れた問いの文「おいしく食べるためにどのようなくふうをしてきたのでしょうか」に対する答えについて話し合う。最初に、問いの文に対する答えがいくつ書いてあるのか、数を出し合うことで考えにばらつきが生まれる。数が多い意見から順に出して話し合うことで、具体的な食品とそれらをまとめた「くふう」の一文が（段落の最初に）あることに児童は気付いていく。

第4・5時は、前時の児童の気付きを確かめ、筆者の書き方をさらに詳しく知るために、一つ一つの事例について、「おいしく食べる工夫」「手の加え方」「食品」という三つの項目で、表にまとめる。その際、例えば、「目に見えない小さな生物」という言葉が指すものは何か、それらによって作られる具体的な食品は何かというように中心文との関係を考えたり、煎る、煮るとはどのような作業かなど具体的な手の加え方について話し合ったりして、叙述とイメージをつなげながら表にまとめさせていきたい。

ポイント！「問い」のもたせ方　隠れた問いの文に対する答えがいくつあるのか、数だけを出させることで、互いの考えの違いから、具体的な食品とそれらをまとめた中心文の関係や文章の構成に気付かせていく。

②展開（第10時）

前時までに魚、芋、麦、牛乳、とうもろこし、米等の中から調べたことを「おいしく食べる工夫」「手の加え方」「食品」で色分けした付箋に書いておき、第10時では、自分で決めた食材について調べた内容を整理していく。

実際に文章を書く際に、「米をたいて、ごはんにするくふうがあります」というように工夫と食品が混同した文にならないようにするため、第3～5時と同様に、「おいしく食べる工夫」「手の加え方」「食品」の三つの項目で表に付箋を整理し、中心と具体の関係を考えさせる。表に整理した後は、同じ食材について調べている友達とどのように整理したか、文章にするとどのようになりそうかについて紹介し合い、考えを見直す時間を設ける。

さらに知りたいことが出てきた場合は、次時までに別の本で調べたり、家の人に聞いたりさせる。

ポイント！「問い」の解決法　第3～5時と同様の三つの項目で表に付箋を整理させることで、筆者の説明の工夫と照らしながら、文章を書けるようにする。

登場人物の行動や気持ちをとらえて、えらんだ民話をしょうかいしよう

三年とうげ

領域：読むこと
教材収載：光村図書

［矢野裕紀］

1 教材の分析と予想される「問い」

本教材「三年とうげ」は、朝鮮半島に伝わる民話であり、場面の様子や登場人物の言動が分かりやすく表現されている。本教材を読んだ児童の多くは、「おもしろい」という感想をもつ。本単元の指導においては、まず、初発の感想の交流後、それぞれが感じたおもしろさの違いから「『三年とうげ』のおもしろさのひみつは何か」という「問い」をもたせる。そして、物語の構成の中での登場人物の行動や気持ちの変化、発想の転換による問題解決、民話独特の楽しいリズム等に気付かせていきたい。

また、最終的に本の「帯」のようにまとめさせることで、「自分が最もおもしろいと感じた点はどこだろう」と物語を見直し、端的に表現する必要性をもたせる。そして、「三年とうげ」で見つけたおもしろさの視点を基に、新たな民話を紹介する活動を設定することで、「どの民話のおもしろさを紹介しようかな」、「この民話のおもしろさは何かな」という「問い」へと更新させていく。

2 単元の概要：単元計画（全6時間）

［第一次］

①②「おもしろい」と感じた点を出し合って整理し、「おもしろさのひみつは何か」という「問い」をもたせるとともに、他の民話を読む意欲を喚起する。

［第二次］

③④登場人物の変化や構成のおもしろさを捉えたり、解決の仕方や民話独特のリズムのおもしろさを捉えたりして、自分が一番おもしろさを感じた点を帯に書く。

［第三次］

⑤⑥民話を選んで、おもしろさの視点を基に帯を作り、紹介する。

3 単元の展開

①導入（第一次）

まず、「三年とうげ」を読んだ初発の感想を話し合う。それぞれの児童が感じたおもしろさをＩＣＴの付箋機能等を使って出し合い、整理する。分類すると、おじいさんの行動や気持ちの変化、話の解決に関わるおもしろさや民話独特のリズムに分けられるだろう。自分にとって一番おもしろさを感じさせるのはどれかを投げかけ、意見の違いから「『三年とうげ』のおもしろさのひみつは何か」という「問い」をもたせる。

単元の最後には、学習したことを基に、自分が選んだ外国の民話のおもしろさを紹介してもらうことを予告し、学級に世界各国に伝わる民話を集めて置いておくことで、児童の民話を読むことへの興味・関心を高める。

ポイント！「問い」のもたせ方　それぞれが感じたおもしろさを全体で分類し、感じ方の違いを共有したり、活動のゴールを提示したりすることで、再読して「三年とうげ」のおもしろさのひみつを探ろうとする気持ちを高める。

②展開（第二次）

おじいさんの行動や気持ちの変化に関わるおもしろさを捉える場面では、既習の経験から、全文プリントを用いておじいさんの心情曲線を表して話し合う活動を設定する。三年とうげで転んで気持ちが沈んでいく様子の表現やトルトリの言葉をきっかけに大きく変化する様子の表現、最後は、三年とうげを自分から転がりながら、気持ちが上がっている表現を全体で楽しみながら確認することで、気持ちの変化とともに物語の構成を捉えさせることができる。

話の解決や民話独特のリズムに関わるおもしろさを捉える場面では、前時のおじいさんの気持ちの変化のきっかけとなったトルトリの言葉とおじいさんの見方や考え方を比べたり、物語の最初と最後に登場する歌を比べたりする。

また、おじいさんの気持ちを表すように調子を自由に変えて音読する等して、言葉のリズムを楽しませたい。こうしたおもしろさの中から「『三年とうげ』のおもしろさを紹介するなら」と投げかけ、それぞれで本の帯を作らせる。

ポイント！「問い」の解決法　児童が感じたおもしろさごとに授業で詳しく読み、その中から自分が紹介したいおもしろさを選び、本の帯に表すようにする。本教材での読み方を活用して、他の民話のおもしろさを考えさせる。

③まとめ（第三次）

「三年とうげ」と同じ視点や新たな視点から、他の民話のおもしろさを見つけ、帯にまとめたことを紹介し合う活動を設定する。

身近なものの発見や発明をしょうかいしよう
ありの行列

領域：読むこと
教材収載：光村図書

［國本裕司］

1 教材の分析と予想される「問い」

本教材では、複数の事例が紹介されていたこれまでの説明的文章教材とは異なり、ありの行列ができる仕組みについてウイルソンが実験や研究をしながら解明していく過程が説明されている。実験（観察）の結果から分かったことや考えたことが述べられ、次の研究へと進んでいくという段落のつながりがある。

本単元では、実験の結果を基に仮説を立てて検証し、結論を導く「ありの行列」の構成を読み、発見や発明の過程について紙芝居で紹介する活動を設定する。最初に、発見や発明に関する教師作成の簡単な紙芝居を見せ、発見や発明が生まれる過程に興味をもたせる。その後、発見や発明の過程について紹介し合う活動のゴールを設定する。「発見や発明の過程をどのように説明したらいいのだろうか」という児童の「問い」から、「ありの行列」を読む。「ありの行列ができる仕組みについてウイルソンは、どのようなことをしたのだろう」という更新された「問い」から、段落相互の関係を読んでいく。また、科学者の発明を扱った科学読み物等を学級に置いて並行読書させておく。

2 単元の概要：単元計画（全7時間）

［第一次］
①活動目標を設定して本教材を読み、学習計画を立てる。

［第二次］
②③「ウイルソンは、どのようなことをいくつ行ったのか」について話し合い、段落の要点や文章構成を捉える。
④⑤「なぜそれらの実験（観察）、研究をしたのか」について話し合い、「中」の段落のつながりを捉える。

［第三次］
⑥⑦科学読み物等から紹介したい発見・発明の過程について簡単な紙芝居を作成し、紹介し合う。

3 単元の展開（第1、4・5時）

①導入（第1時）

まず、教師作成の身近なものの発見や発明についてまとめた簡単な紙芝居を見せる。紙芝居には、表に簡単な絵が描いてあり、裏面には観察や実験をしながら発見・発明していく文章が書いてある（例：幸島司郎「イルカのねむり方」平成二十三年度版光村図書3年上）。その後、発見や発明の過程のおもしろさについて感想を出し合い、みんなで発見や発明の過程について紙芝居で紹介し合う活動のゴールを設定する。教師から発見や発明の過程を説明するにはポイントがあることを告げ、児童に予想させる。児童の中に「発見や発明の過程をどのように説明したらいいのだろうか」という「問い」が生まれたところで、教師から「ありの行列」を紹介し、全員で読むようにする。

ポイント！「問い」のもたせ方　紙芝居を読み聞かせした後で、発見や発明の過程を説明するにはポイントがあることを告げて児童に予想させることで、「どのように説明したらいいのか」についての「問い」が生まれ、視点をもって教材を読むことができる。

②展開（第4・5時）

第4・5時では、第3時で捉えた段落の要点や文章構成を基に、「ウイルソンは、なぜその実験（観察）、研究をしたのかな」とそれぞれの実験（観察）、研究の必要性について話し合っていくことで、段落同士のつながりに着目させる。

まず、「中」の二〜八段落の文章を「実験（観察）、研究から分かったこと」と、「考えたこと」に分類する。その後、「大きな石をおいた観察」や「はたらきありの体の仕組みの研究」をウイルソンが、なぜ行ったのかについて話し合う。「大きな石をおいた観察」をなぜ行ったのかの話合いでは、児童から「道筋から外れたらどうなるか確かめようとしたから」等の意見が出されるだろう。三段落でありの行列が道筋から外れていないことを不思議に思い、四段落の実験を行ったという段落のつながりが見える。

また、「はたらきありの体の仕組みの研究」をなぜ行ったのかの話合いでは、「ものがよく見えないありが、ちりぢりになってもまただんだんと行列に戻ったから、地面に見えない何か道標になるものを付けたのではと予想し、体の仕組みを研究した」等の意見が出され、三・四段落の観察から仮説を立てて研究した段落のつながりが見えてくる。

ポイント！「問い」の解決法　観察の様子を絵や図を動かして具体的にイメージさせ、本文と照らしながら実験（観察）、研究の理由についてグループで話し合わせる。

書き表し方をくふうして、物語を書こう

たから島のぼうけん

領域：書くこと
教材収載：光村図書

［矢野裕紀］

1 教材の分析と予想される「問い」

本教材は、たから島の地図から想像を広げ、物語の展開で起こる「事件」や「解決」を考え、それらのつながりのある物語を書くことができるようにすることをねらいとする。児童は、冒険の物語を書く目的意識と、全校児童に読んでもらう相手意識とをもって創作する活動を行う。

最初に、教師から「冒険の物語とはどんな物語か」を問いかける。児童は、「わくわくする展開」や「登場人物のピンチの場面」等の要素を挙げるだろう。そこで、たから島の地図を提示することで、児童は「地図からどんな展開が考えられるか」という「問い」をもつ。児童が交流を行い、設定等を考える中でもつ「読む人がわくわくするか」という「問い」から、「事件」と「解決」の内容とつながり、書き表し方を考えて書く活動を設定する。

2 単元の概要：単元計画（全10時間）

［第一次］

①「わくわくする冒険文庫をつくる」という目的をつかみ、冒険の要素について話し合う。

［第二次］

②③「たから島の地図」から考えられる展開を話し合い、「はじめ―中―終わり」の設定をメモに書いてみる。

④⑤「中」の展開（事件と解決）がわくわくするか、つながりがあるかを吟味する。

⑥⑦構成メモを見直しながら下書きをし、読み合ってわくわくする書き表し方へと見直しをする。

⑧⑨下書きを読み返し、冒険物語を完成させる。

［第三次］

⑩読書会を行い、感じたことを互いに伝え合う。

3 単元の展開（第5、7時）

①導入・展開（第5時）

第5時までに児童は、どんな事件が起き、どのように解決するかについて複数のアイディアをＩＣＴの付箋に書いている。導入では、「事件」と「解決」についてわくわくする展開とそうでない展開を提示する。どの展開がわくわくするかについて自由に意見を出し合わせ、本時、自分の物語をわくわくする展開にするというめあてをつかませる。

ポイント！「問い」のもたせ方　提示された「事件」と「解決」のつながりについて自由に意見を交換させることで、「自分の物語では、どんなわくわくする展開にするか」という「問い」をもたせる。

まず、「事件」における登場人物のピンチにおいて、わくわくする「解決」にはどのようなものがあるのかを確認する（例：「戦う」「知恵で切り抜ける」等）。その後、それぞれが考えた「事件」と「解決」の複数のアイディアについて「わくわくする展開になっているか」という視点で話合いを行う。ＩＣＴの共有機能を用いて、色分けした付箋（「事件」カードと「解決」カード）についての説明を聞き合い、意見を伝え合うようにする。その後、話し合ったことを基に、「事件」と「解決」を選び、構成メモに表していくようにする。また、本時で考えた「展開」が当初の設定（「はじめ」と「終わり」）とつながるかという点からも見直しをするように促す。

ポイント！「問い」の解決法①　友達に説明して感想をもらったり対話の中で想像を膨らませたりして、わくわくする展開についての自分の考えをもたせるようにする。

②展開（第7時）

第7時では、最初にわくわくしない表現の文章を提示し、学級全員で自由に意見を出し合って、わくわくする表現へと書き換えていく（短文を重ねる、比喩を用いる等）ことで、児童に自分の物語を見直して、さらにわくわくする表現にするというめあてをつかませる。まずは、自分で表現を見直す。その後、友達と書き換えた箇所を中心に読み合う場を設定し、感想を伝えたりアドバイスし合ったりする。

読み合う活動が終わったら、アドバイスや友達の物語を読んで取り入れたいと感じたことを基に、自分の下書きをさらにわくわくする物語になるように書き表し方を工夫しながら修正する。

ポイント！「問い」の解決法②　最初に学級全体でわくわくする表現へ書き換えることで、推敲の視点を共有し、自分で見直したり相手にアドバイスしたりできるようにする。

つたえたいことを、理由をあげて話そう

お気に入りの場所、教えます

領域：話すこと・聞くこと
教材収載：光村図書

［矢野裕紀］

1 教材の分析と予想される「問い」

本教材では、理由や事例等を説明する話の構成を考え、話し方を工夫しながら相手に紹介する活動が設定されている。本教材で相手によりよく伝わる話の組み立てを考えるためには、事例として紹介する理由についてどのような情報や資料を収集すべきかを検討しておくことが重要となる。

本単元では、将来、中学校で同級生となる同じ中学校区の3年生同士で自分が住む町や学校の好きな場所について紹介し合い、お互いを知ろうという目的を児童にもたせ、リモートで紹介し合う活動を設定する。

児童は、まず「みんなに教えたいお気に入りの場所はどこか」という「問い」をもつだろう。グループで発表したい「場所」が決まったら、「どのように紹介するのか」という「問い」から教科書のモデルを全員で分析する。そうして、紹介する理由が事例部分で詳しく説明されていることに児童が気付いたら、各グループの内容について「なぜその場所を選び（その場所のどのようなところを）紹介したいのか」を検討させるようにする。

2 単元の概要：単元計画（全8時間）

［第一次］

①お気に入りの場所のよさや特徴について「問い」をもち、話し合うとともに紹介したい場所をグループで選び出す。

［第二次］

②③教科書モデルを分析するとともに、紹介したい理由を考え、資料を集める。

④⑤話の組み立てを考えて発表原稿をつくる。

⑥紹介する話し方の工夫を考え、発表練習をする。

［第三次］

⑦⑧リモートで他校の児童と自分の町や学校を紹介し合うとともに相互評価を行い、学習のまとめをする。

3 単元の展開（第3、5時）

①導入・展開（第3時）

前時までに各グループで決めたお気に入りの場所を紹介するために、どんな内容をどのように伝えたらよいかを問いかけ、本時のめあてをつかむ。

ポイント！「問い」のもたせ方　決定した場所をどのように紹介するかについて、課題のあるモデルを教師が実演することで、紹介するために必要な内容や方法に対する「問い」をもたせる。

まず、教科書のモデルである発表の例を読み、紹介することの理由が、いくつ程度、話の組み立てのどこに挙げられているのかを話し合う。児童は、紹介する理由が事例部分に挙げられていることに気付くだろう。

次に、どのような事例が挙げられているかを確認し、自分たちが紹介するお気に入りの場所の場合、どのような特徴を伝えればよいかについて話し合い、「なぜ紹介したのか」「一番○○のところ」「思い出」等の内容が必要であることを共有する。例えば、毎日の登下校の中で気付いたことを家が近所の友達同士で話したり、地域での社会科見学等で校外へ出たときのこと等をふり返ったりして、自分たちが紹介したい場所について伝えたいこと、伝えた方が分かりやすいことについて各グループで話し合う。そして、紹介する内容に合わせて、具体的にどのような資料が必要かについてもあわせて話し合わせるようにする。

ポイント！「問い」の解決法①　一つの事柄を提示して、何を伝えればよいか、自由に出し合わせたことを「一番○○のところ」「思い出」等のキーワードにすることで、その後のグループでの話合いで考えやすくする。

②展開（第5時）

教師が課題のあるモデルを提示し、内容が伝わりにくいところについて自由に発言し合い、「順序を変える」「別の言葉に置き換える」「付け足す」等の推敲の観点を共有する。各グループで、本時までにそれぞれが分担して書いてきた発表原稿を話の組み立て「はじめ・中・終わり」に沿って並べ、グループの原稿を合わせて読んでみる。そして、気付いたことについて先ほどの推敲の観点に沿って話し合いながら、必要に応じて直していく。話し合う中で、別のグループに聞いてもらい、意見を求めるグループも出てくるだろう。

ポイント！「問い」の解決法②　提示した課題のあるモデルの推敲の観点を「順序を変える」「別の言葉に置き換える」「付け足す」等のキーワードにして共有することで、それらを基にグループの原稿も推敲することができる。

登場人物について、話し合おう

モチモチの木

領域：読むこと
教材収載：光村図書

［國本裕司］

1 教材の分析と予想される「問い」

本教材は、物語の基本的な構造である「舞台や人物の設定─人物の変化への伏線─人物の行動やものの見方・考え方の変化─人物の変容」が明確であり、主人公の人物設定、対人物の人物設定、主人公の変容、物語の終わり方という物語の基本的な読み方を学ぶのに適した教材である。「豆太」や「じさま」の人物設定や「豆太」の変容、物語の終わり方について「問い」を生成できるように、次のような「問い」の視点を提示する。

○人物設定への問い（なぜ○○は〜なのか）
○人物の変容への問い（はじめ…だったのに〜なのはなぜか）
○自分との比較からの問い（自分なら〜するのに、なぜ〜）

3年生の発達段階として、グループごとに違う「問い」について考え、考えを深めたり「問い」を更新していったりすることは難しい。そこで、一つの共通した「問い」についてグループごとに話し合い、それを全体で出し合って、生まれた考えの差異等から教師がファシリテートしながら、考えを深めたり「問い」を更新させていったりする。

2 単元の概要：単元計画（全9時間）

［第一次］
①本文を読み登場人物について話し合うという目的をもつ。
②「問い」の視点を提示し、「問い」を生成する。
③全体で話し合いたい「問い」を、「主人公の人物設定」「対人物の人物設定」「主人公の変化」「物語の終わり方」という視点から一つずつ選ぶ。

［第二次］
④〜⑦選んだ「問い」についてグループ→全体で話し合う。

［第三次］
⑧⑨第二次で話し合ったことを基に、自分の考えをまとめ、学習のふり返りをする。

3 単元の展開（第4、6時）

①導入・展開前半（第4時）　第3時にみんなで選択した「主人公の人物設定」の「問い」について話し合う。まず、各自が「意見、根拠、理由」をセットにして考えをつくった後、グループで話し合う。グループで意見の共通点や差異点を考えながら話し合い、その後の全体交流でも、グループで出た意見や議論になった点の報告について共通点や差異点を考えながら交流する。例えば、「豆太はなぜおくびょうなのか」という「問い」の場合、全体では「モチモチの木からおどかされるから」「お父さんが熊に殺されたから」「まだ五歳だから」等の意見が出されるだろう。その際、根拠となる叙述や豆太の昼と夜の違いについて確認したい。また、「まだ五歳だから」という意見については、この物語の時代が数え年の場合はまだ四歳であるという補足説明をしたり豆太の暮らす環境を具体的に想像したりすることで、児童は自分の経験と比較して「豆太は本当におくびょうなのか」という「問い」へと更新していくだろう。また、「おくびょうだと思っているのは誰か」についても問いかけ、語り手の存在にも気付かせていきたい。

ポイント！「問い」のもたせ方　豆太の人物設定を具体的に想像させることで、新たな「問い」を出させていく。

②展開後半・まとめ（第6時）　「主人公の変化」の「問い」についても同様の活動の流れで話し合う。ここで話し合う「問い」は、「豆太は、なぜ夜道を一人で医者様を呼びに行けたのか」になるだろう。

全体交流では、「じさまが苦しんで死にそうになっていたから」「大好きなじさまを助けたかったから」等の意見が出される。そこで、教師から「怖くなかったのか」と問い返すと、「怖かった」という反応が返ってくる。そこで、「A 猟師小屋を出てすぐ」、「B 下りの坂道」、「C ふもとの医者様のところ」という三つの選択肢を挙げ、「一番怖いと思っているのはどこか」と問いかける。BとCに意見が分かれるが、Bと考えている児童は夜の闇への恐怖を、Cと考えている児童は、時間が経っているため、じさまが死んでしまっていないかという恐怖を説明することとなり、怖さの違いや夜道を走る豆太の心境の変化が明確になる。そこで、「大好きなじさまを助けたかったから」という意見を取り上げ、普段の豆太との違いを出させることで、人を思う気持ちがあること、そこから生まれた行動であることについて話し合う。

ポイント！「問い」の解決法　選択肢から夜道を走る豆太の心境を具体的に想像したり、普段の豆太との違いを考えたりすることで、豆太が行動できた理由に迫る。

第4学年の指導ポイント

「全体と部分との関係」「分類する」「結び付ける」に着目し、思考を働かせる

［吉田昌平］

1 第4学年の教材の特徴と重点

第4学年では、「読むこと」の教材では「ごんぎつね」「くらしの中の和と洋」、「書くこと」の教材では新聞作りがあります。これらの教材を通して「登場人物の気持ちの変化」や「場面の移り変わり」、「段落相互の関係」や「考えと理由や事例との関係」等を指導していきます。これらの指導事項から、第4学年では、「全体と部分との関係」に着目し、「分類する」「結び付ける」といった分析的、精査的な思考を働かせることが重要だといえます。このような着眼や思考を働かせるためには、「比較する」「置き換える」「選ぶ」といった思考が必要となります。そのため、4年生では次のような「問い」を生成できるようにします。

○比較する（情報を分けたり結び付けたりする）
・はじめ～だったのに、…なのはなぜだろう。
・○○と△△はなぜ（どのように）違うのだろう。

○置き換える（情報の関係性や論理性を捉える）
・自分だったら～するけど、なぜ…。
・○と△を入れ替えたらどうなるだろう。

○選ぶ（分析した情報について精査する）
・どれを中心にして書くといいだろう。
・○○の一番の要因は何だろう。

2 問える子にするための日常的な取組

(1) 「問い」の視点の掲示

問える子にするためには、問う経験を重ねることが大切です。そこで、各学期に一回は「問い」を生成する単元を、各領域で位置付けます。まず「問い」の視点を提示し、「問い」を生成させます。児童が生成した「問い」の中には、前述の「問い」以外の視点をもった「問い」も含まれています。それらを教師が取り上げ、新たな「問い」の視点として教室に掲示していきます。掲示された児童はとて

も喜びます。掲示された「問い」の視点は、「比較する」のように抽象化した言葉とともに、具体的な「問い」の言葉を掲示することで、次の単元での「問い」の生成に生かされていきます。

(2) キャッチボール対話

児童の対話は、自分の考えを一方的に伝える活動になりがちです。問いかける対話をすることで、問う習慣が身に付くだけでなく、互いの考えが練り上がる対話になります。そこでキャッチボール対話を行います。キャッチボール対話とは、「今日の朝食」「夏と冬どちらがいいか」等、教師が設定したテーマについて、ペアで対話するものです。ペアで一個のボールを持っておき、「自分なら～するけど、なぜ…」「つまり～ということ」「一番～なのは」等、問いかけたら相手にボールを渡し、相手が話すルールです。ここでの問いかけの視点も教師が取り上げ、教室に掲示するようにします。この活動はとても盛り上がるのですが、５分程度の時間で設定します。決められた時間の方が児童はボールをつなごうとしますし、日常的な取組にもなります。対話の様子については、はじめはボールが渡った回数（量）で評価し、徐々に問いかけの内容（質）で評価していきます。また、キャッチボール対話の様子を別のペアが観察する場を設定することも効果的です。

教師の「問い」を超える児童の「問い」

物語文「ごんぎつね」の学習で、ある児童が「ごんが『くりや松たけ』を届けるのには何か意味があるのかな」という「問い」を立てました。私は、山にあるのがくりや松たけなので、特に意味はないだろうと思い、「おもしろい『問い』だね。でも他の問いで考えたらどうかな」と言いました。ですが、この児童はその「問い」を変えずに読み進めていきました。学習後、「ごんもきっとくりや松たけを食べていたと思う。ひとりぼっちのごんは仲間がほしいと思って同じものにした。ごんはいっしょのことをしたいと思ったからくりや松たけにしたと思いました。」と書きまとめていました。

私は頭を打たれたような気がしました。私が特に意味がないと判断した「問い」から、児童はごんが兵十に寄り添っていく気持ちを想像することができていたからです。「問い」の授業では、教師の予想を超える「問い」が出されることがあります。そのため、教師は児童の「問い」のもつ読みの可能性を見出すとともに、その可能性を見出せるようになるためにも自らが「問い」をもって何度も文章を読むという教材分析が大切であることを学びました。

同じところやちがうところに着目して対話を続けよう

もしも、こんなことができるなら

領域：話すこと・聞くこと
教材収載：東京書籍

［吉田昌平］

1 教材の分析と予想される「問い」

本教材では、一年間の学習に向けて対話の練習を行う。本文では「もしも教室で生き物を飼うとしたら」という仮構の話題について相手の考えを尋ねたり、同意したりしてペアの友達に働きかけ、相手の考えとの共通点や相違点を考えながら対話を連続・発展させている。この時期は、聞き方を意識することなく自分の考えを一方的に伝えてしまい、対話が途切れることが多い。そのため、対話を続けることを目標にした活動を設定することで、「自分たちはなぜ対話が途切れてしまうのかな」といった自分たちの課題に対する最初の「問い」が生成されると考えられる。また、方法に対する「問い」から対話モデルを基に対話の仕方を分析しても実際に行うのは難しいため、「対話をもっとよくするにはどうすればよいかな」という自分たちの対話の改善へと「問い」が更新されていく。

2 単元の概要：単元計画（全3時間）

本単元では、対話を続けることを目標にしてペア対話を体験させる。そこで気付いた自己の課題や対話の方法についての「問い」をもたせる。次に、対話モデルの分析を通して、ペア対話のコツを知りめあてを設定させる。そして、ペア対話を行い、よりよい対話の仕方についてふり返る。

［第一次］

①仮構の話題について自由にペア対話をし、ペア対話の課題や方法について「問い」をもつ。

［第二次］

②「問い」を基に教科書の対話モデルについて話し合い、ペア対話のめあてを立てる。

［第三次］

③仮構の話題についてペア対話をし、自分たちで気付いた対話のコツや新たな「問い」についてふり返る。

3 単元の展開

①導入（第1時）

「問い」をもたせるために、4年生の学習では、ペア対話を通してアイディアを広げる活動が多いことを予告し、学びの意義や価値を児童と共有する。対話を続けることを目標に「もしも教室で生き物を飼うとしたら何がいいか」でペア対話をする。後でふり返らせるために、ＩＣＴを活用して対話を動画撮影したり音声機能で文字起こししたりするとよい。そして、対話をみる「視点」を提示し、ペア対話の仕方についての各個人の「問い」をもたせる。

ポイント!「問い」のもたせ方

学びの必要性を感じさせて自己の課題に目を向けさせる。何回やりとりしたか、同じ話題で話せたか、相手の考えがよく分かったかなどの「視点」からペア対話の仕方について「問い」をもたせる。

②展開（第2時）

まず、導入でもった各自の「問い」について学級で共有し（Google フォームなどＩＣＴを活用すると効率的）、教科書の対話モデルを分析する目的意識や視点をもたせる。次に、教科書の対話モデルの中で、対話が連続・発展している要因となる発言に傍線を引かせ、その理由について話し合わせる。そして、話合いを通してその要因を分類・整理し、「理由を述べる」「相手に質問する」という話し方だけでなく、「共通点や相違点を見つける」「共感する」など聞き方にもコツがあることをつかませる。最後に、次時に向けてペア対話のめあて（自分たちの対話の改善に向かう「問い」）を話し方、聞き方それぞれで立てさせる。対話は協同的な言語行為であるため、個人でめあてを設定するよりも、ペアでめあてを立てるようにした方が、互いに意識することからめあての達成に向かいやすい。

ポイント!「問い」の解決法①

導入で立てた「問い」を分析の視点として教科書の対話モデルを読ませる。ペアで話し合いながらコツを見つけさせ、全体で共有する。全体で見つけたコツを基にペア対話のめあてを立てさせる。

③まとめ（第3時）

仮構の話題についてペア対話をする。その際、バディペア（ペア対話を観察するペア）に事前に自分たちのめあてを伝えておいて、対話を観察してもらうようにする。そして、対話の様子についてのよかった点や課題について話し合い、対話の仕方をふり返ったり、対話をよりよくするためのさらなる「問い」について整理させたりする。

ポイント!「問い」の解決法②

ペア対話の目標を意識しながら対話活動に取り組み、バディペアによる評価から、対話の仕方や新たな「問い」についてふり返らせる。

共に生きる生き物リーフレットを作ろう

ヤドカリとイソギンチャク

領域：読むこと
教材収載：東京書籍

［吉田昌平］

1 教材の分析と予想される「問い」

本単元のねらいは、段落と段落の結び付きを考えながら、いくつかの大きなまとまりにくくり、文章全体の構成を捉えることである。そのために、言語活動として「共に生きる生き物リーフレット作り」を位置付ける。具体的には、用紙を折り曲げた一面ごとに、段落のまとまりの中心となる文を見出しにしながら要約していくものである。リーフレットを作るという目的の下で、児童は「教材文の場合、どのようにリーフレットにまとめればいいかな」と教材文の文章のまとまりや中心となる文に関わる「問い」を生成する。本教材は、問いと答えの関係が三回出てくるので、まとまりを捉えやすい構成になっている。そのため、児童は事例の中心である三つの問いと答えをリーフレットに書きまとめるとよいことを捉えていくだろう。リーフレットに書きまとめる際には、まとまりの見出しとなる文や紙面の順序を検討する必要がある。児童は、「どの文を見出しにするといいだろう」や「教材文はなぜこの順序で事例を挙げているのだろう」と、要約や段落のまとまりの順序に関する「問い」へと更新していく。そして、教材文でリーフレット作りを体験した児童は、「自分が調べる共に生きている生き物のリーフレットでは、いくつのコーナーで、どのような順序で書きまとめるといいかな」と自分のリーフレット作りに関する「問い」へとさらに更新していくだろう。

2 単元の概要：単元計画（全7時間）

［第一次］

①「共に生きる生き物リーフレット」を作るという学習の見通しをもつ。

［第二次］

②教材文の文章全体の構成について話し合う。

③④段落同士のつながりやまとまりについて話し合い、「ヤドカリとイソギンチャクリーフレット」を作成する。

⑤⑥図鑑や資料を基に「共に生きる生き物リーフレット」を作る。

［第三次］

⑦書きまとめたリーフレットを読み合い、学習のふり返りをする。

3 単元の展開

①導入（第1時）

まず、教師が作成した「共に生きる生き物リーフレット」を提示し、自分が選んだ生き物でリーフレットを作るという活動の目的をもたせ、そのために、教材文でリーフレットの作成の仕方を練習するという学習の見通しをもたせる。次に、教師が提示したリーフレットの特徴（段落のまとまりが紙面で分けられている等）について話し合わせることで、「教材文ではいくつのまとまりにしたらいいだろう」という教材文の文章のまとまりや中心となる文に関わる「問い」を生成できるようにする。そして、自分が紹介したい「共に生きる生き物」について調べさせておく。

ポイント！「問い」のもたせ方　各グループにリーフレットを配付し、リーフレットの特徴について話し合わせる。

②展開（第2～7時）

まず、教材文の大まかな文章構成について話し合う。児童は三つの事例があることを捉えるので、「どの文を見出しにするといいだろう」と書きまとめ方に関する「問い」を全体で共有する。三つの問いの文を基に文章構成を見つけたことを全体で確認していくことで、児童に問いの文を見出しにしてその答えを書きまとめていけばよいことを捉えさせる。また、「三つの事例の順序を入れ替えて説明してもいいだろうか」と問いかけ、事例の順序を入れ替えた文章と比較させることで、それぞれの事例の結び付きについて全体で話し合う。教材文でリーフレットを書いた後は、自分が調べたい生き物についてリーフレットに書きまとめる。教材文でのリーフレット作りのコツを全体で整理することで「自分が調べたい生き物はいくつのまとまりでどんな順序で紹介するといいかな」と、自分が作成する「共に生きる生き物リーフレット」への「問い」へと更新することができるようにする。

ポイント！「問い」の解決法　デジタル教科書等を使い、問いや答えの文に色を付けたり、実際に事例を入れ替えて提示したりしながら話し合う。また、教師は教材文でのリーフレット作りのコツ（問いの文を見出しにする、まとまりの順序に気を付ける等）を整理して掲示する。

人物の変化をとらえよう

走れ

領域：読むこと
教材収載：東京書籍

[吉田昌平]

1 教材の分析と予想される「問い」

本教材では、運動会を舞台に、三人の人物が登場する。母の仕事の事情を理解し、自分の気持ちを我慢しながら、苦手な短距離走に臨む、中心人物の「のぶよ」。母に運動会の応援に来てほしい（甘えたい）弟の「けんじ」。家族のために懸命に働く「お母ちゃん」。物語では、三人の関わりによって、のぶよの気持ちが変容していく。本文中には、三人の思いは明示されておらず、「なぜけんじは『特製』のお弁当がいいのだろう」、「お母ちゃんは、なぜ何も言わなかったのだろう」、「のぶよは、なぜ『ラスト』が誇らしく聞こえたのだろう」等、児童がそれぞれの気持ちについて「問い」をもちやすい教材となっている。

2 単元の概要：単元計画（全8時間）

学年後半の「問い」を個別に読み進める学習に向けて、出し合った「問い」を二つの場面に絞って話し合う活動を設定する。そして、場面ごとに各児童が選択した「問い」ごとにグループをつくって話し合った後、全体で話し合う。複数の人物の視点から考えることで、個々の児童の解釈が深まり、さらに考えたい「問い」へとつながっていく。

[第一次]
①②初読から読みの「問い」をつくり、「問い」を交流して、学級で読み進めたい場面を二つ選定する。

[第二次]
③④グループや全体で対話し、一場面での「問い」に対する考えや新たな「問い」をまとめる。
⑤⑥グループや全体で対話し、二場面での「問い」に対する考えや新たな「問い」をまとめる。

[第三次]
⑦⑧新たな「問い」を基に各個人で読み進め、個別の「問い」と考えを交流し、「問い」についてふり返る。

3 単元の展開

①導入（第一次）

「問い」の視点（ポイント参照）を提示して、人物の気持ちや変化についての「問い」を自由につくらせる。その中から、話し合いたい「問い」を選んで出し合い、選んだ理由について交流する。その際、「同じ場面で、お母さんやけんじはどう思っていたかな」、「走るのが苦手なのぶよがそう思えたのはなぜかな」と他の人物の気持ちやのぶよの変化について教師が問いかけていくことで、三人の気持ちが交差するお弁当の場面（❶）と、のぶよが走る場面（❷）に関する「問い」へと焦点化させていきたい。

ポイント！「問い」のもたせ方　「問い」の視点例

ア　私は～だけど、△△が～するのはなぜ（自分と重ねる）

イ　△△が～したのはどんな思いから（人物の行動の意味）

ウ　△△が～になったのはなぜ（人物の変化）

②展開（第二次）

お弁当の場面と、のぶよが走る場面で、児童は、三人の人物のそれぞれの立場から「問い」をつくっていることが考えられる。そこで、場面ごとに、児童が選択した「問い」について同じ人物でグループ編成し、その人物の言動についての「問い」をグループで話し合っていく。グループ交流の後は、全体交流を位置付ける。全体交流では、一つのグループの意見に対して、教師が他の人物の視点からの意見を求めたり板書で関係図に整理したりして、三人の気持ちを視覚化することで、のぶよの変容を考えられるようにする。また、それぞれの交流前後では「問い」に対する自分の考えを書かせる。そうすることでそれぞれの人物の立場で読み進めていた児童一人ひとりの解釈が深まり、さらに考えたい「問い」をもつことができると考える。

ポイント！「問い」の解決法①　同じ視点から考えられるように、人物ごとにグループ編成をする。全体交流では、違う人物の視点からの意見を求め、黒板上で構造化する。グループや全体交流前後で「問い」に対する自分の考えを書かせ、自分の考えの深まりを実感させる。

③まとめ（第三次）

二つの場面で考えた新たな「問い」について、各個人で読み進め、考えをまとめる。そして、互いの新たな「問い」と考えを交流し、ふり返りをすることで、「こんな問いを立てるといいな」と「問い」をもって読み進める価値や「問い」をもつ視点を共有することができる。

ポイント！「問い」の解決法②　「問い」をもって読み進めてよかったことや、次の学習で生かせる「問い」等をふり返りの視点として提示する。

表し方のちがいを考えよう

広告を読みくらべよう

領域：読むこと
教材収載：東京書籍

[吉田昌平]

1 教材の分析と予想される「問い」

本単元の目標は、目的や意図に応じた表現の工夫や効果を読み取ることである。広告の書き手の目的や意図を捉えるためには、まず読み手として広告の表し方の効果を捉える必要がある。本教材には、家族の健康のためにどの世代にも使いやすいことをアピールした広告（以下広告A）と、子どもの発熱時に使いやすいことをアピールした広告（以下広告B）がある。同じ体温計で表し方の異なる二つの広告であるため、読み手が感じる印象のずれが起きやすく、「なぜ同じ商品なのに読み手の印象が異なるのだろう」という表し方の効果についての「問い」を生成しやすい。その「問い」が「どんな目的や意図で書き表しているのか」という作成者の立場から広告を分析する視点となり、見出しの順序やキャッチコピー、文字や背景の色、写真の大きさや雰囲気などから、広告の作成者の目的や意図を捉えることができると考える。そして、広告A・Bの作成者の目的や意図を捉えたら、「身の回りの他の広告はどのような目的や意図で書かれているか」という「問い」へと更新されていくであろう。

2 単元の概要：単元計画（全7時間）

［第一次］

①広告の特徴や、広告から感じる印象について話し合い、学習の見通しをもつ。

［第二次］

②それぞれの広告から感じる印象の違いの要因について、話し合う。

③表し方の違いや、広告全体から受ける印象の違いから、それぞれの広告の作成者の意図について話し合う。

④〜⑥身の回りにある広告から、作成者の目的や意図、表し方の効果について読み取り、発表の準備をする。

［第三次］

⑦それぞれが読んだ広告の作成者の目的や意図、表し方の効果について発表し合い、ふり返りをする。

3 単元の展開

①導入（第一次）

まず、教師が「どんな人が買いそうかな」と問いかけ、学級の児童の半分のタブレットに広告A、もう半分に広告Bを送信する。そして、意見を出し合った後で、実は同じ商品でも違う広告であったことを明かす。児童は広告によって読み手が受ける印象にずれがあることに気付き、「広告の何が読み手の印象を変えるのだろう」という「問い」をもたせることができる。

ポイント！「問い」のもたせ方　子どもによって異なる広告を提示し、広告から受ける印象のずれから、表し方の効果についての「問い」をもたせる。

②展開（第二次）

まず、それぞれの広告から読み手が受ける印象のずれの要因について話し合わせる。広告Aでは「どなたにも使いやすい」というキャッチフレーズや三世代家族の集合写真などが、広告Bでは「子どもの急な発熱」という言葉や子どもの写真などがその要因として整理され、写真やキャッチコピー、見出しなどの効果を捉えることができる。次に、「広告の作成者に聞いてみたいことはないですか」と問いかけ、「なぜ体温計ではなく人の写真が大きいのか」「なぜ赤や青にしたのか」といった広告の作成者の目的や意図に対する「問い」を自由に出させる。そして、出された「問い」に対する答えを考えさせる。作成者の目的や意図を考える際には、写真の大きさや色等、「そうではない」場合を仮定して考えさせることで、予想される効果の違いから推測させるようにする。考えたことの話合いでは、広告の作成者役と読み手役に分かれてインタビュー形式で対話させる。最後に、身近なポスターやチラシなどを提示し、「他の広告も作成者の目的や意図があるのか」という「問い」をもたせ、広告を各自で選択させて、作成者の目的や意図、表し方の効果を読み取らせる。

ポイント！「問い」の解決法　広告から読み手が受ける印象→要因→意図の順に話し合う。意図については、「そうではない」場合を仮定して考えさせたり、作成者役と読み手役になってのインタビュー形式で対話させたりする。

③まとめ（第三次）

自分が選択した広告の作成者役になりきり、広告の目的や意図、表し方の効果を発表させる。また、聞いている児童は読み手役となり、インタビュー形式で対話させる。

交流した○○さんに喜んでもらえるようなお礼の手紙を書こう

お願いやお礼の手紙を書こう

領域：書くこと
教材収載：東京書籍

［宮原佳太］

1 教材の分析と予想される「問い」

本単元では、相手や目的を考えて、お願いやお礼の手紙を書く、という活動が設定されている。手紙の基本的な形式は、「前文」（書き出しの挨拶や自己紹介）、「本文」（用件：お願いやお礼の内容）、「末文」（結びの挨拶）、「後付け」（日付、自分や相手の名前）である。この形式を基に、児童には相手意識を明確にもたせながら、用件の具体的な書き方や丁寧な言葉選びを工夫させていく。

単元は総合的な学習の時間と関連させる。班ごとに交流した高齢者施設の方へお礼の手紙を書く場面を設定し、「交流した○○さんに喜んでもらえるようなお礼の手紙を書こう」という活動目標をもたせる。「どのように書けば、○○さんにお礼の気持ちが伝わるかな」という最初の「問い」が生まれた場面で、教材文の手紙のモデルから基本的な形式や内容の書き方を確かめ、「自分だったら、お礼の気持ちを伝えるために、何を取り上げて書くだろう」「気持ちを伝えるためには、どのような言葉を選べばよいだろう」といった「問い」へと更新する。その後、手紙の下書きを書き、「○○さんに喜んでもらうには、どのように直したらよいか」という推敲の「問い」へとさらに更新していく。清書したものは実際に相手へ送り、感想をもらうなどして、相手や目的を意識して書くことのよさをふり返る。

2 単元の概要：単元計画（全4時間）

①交流した高齢者施設の方にお礼の手紙を書くことを知り、手紙の書き方に関する「問い」をもつ。
②手紙の基本的な形式を確かめ、下書きを書く。
③友達と話し合い、手紙の下書きを見直し、清書する。
④相手からの感想を基に、学習したことをふり返る。

3 単元の展開（第3時）

①導入

まず、前時で「自分だったら、お礼の気持ちを伝えるために、何を取り上げて書くだろう」「気持ちを伝えるためには、どのような言葉を選べばよいだろう」という「問い」について考え、下書きを書いたことをふり返る。次に、「交流した○○さんに喜んでもらえるようなお礼の手紙を書こう」という活動目標を確認し、現在の下書きを自己評価させることで、「○○さんに喜んでもらうには、どのように直したらよいか」という本時の「問い」をもたせる。

ポイント！「問い」のもたせ方　相手や目的をふり返らせたり、自分の現状と活動目標との差を自己評価させたりすることで、文章の見直しや改善に向かう「問い」をもたせることができる。

②展開

まず、基本的な形式や内容の書き方を想起させる。教科書のお礼の手紙のモデルを基に、エピソードを交え、印象に残った相手の言動や、それに対する自分の感想を具体的に書くとよいことを確かめ、下書きの見直しの観点とする。それぞれの児童が、「自分と○○さんとのエピソードだったら、どのように書けばもっと喜んでもらえるような手紙になるだろう」という「問い」をもって、同じ高齢者と交流をした班の友達とアドバイスし合える場を設定する。児童は、総合的な学習の時間で書いた学習の感想を基に交流を思い出しながら、「あのとき、○○さんは…って話してくれたよ。それを具体的に書いたらどうかな」、「『○○さんの言葉が』を『○○さんのやさしい言葉が』に変えてみたらどうかな」のようにアドバイスし合うだろう。

ポイント！「問い」の解決法　教科書のお礼の手紙のモデルから次のような見直しの観点を確認する。

①自分の文章は基本的な構成に当てはまっているか。
②相手に喜んでもらえるエピソードか。
③エピソードの様子が具体的に浮かぶような表現、相手に喜んでもらえる表現になっているか。

友達からもらったアドバイスを参考にしながら、個人で下書きの見直しをする。その際、必要に応じて友達に相談できるようにする。最後に、自分が見直したことや友達と話し合ったことを基に、手紙の清書をする。

③終末

見直した内容や友達からもらったアドバイスについて全体で交流し、相手と自分とのエピソードを交えて具体的に書くことで、相手に喜んでもらえるような手紙になることを共有する。

題名の意味を考えよう
一つの花

領域：読むこと
教材収載：東京書籍

［宮原佳太］

1 教材の分析と予想される「問い」

本教材は、❶ゆみ子が「一つだけ」という言葉を最初に覚えざるをえなかった戦時下の状況、❷ゆみ子の将来を案ずる両親、❸父の出征を見送りに来た母とゆみ子、❹ゆみ子に一輪のコスモスの花を渡す父、❺十年後、母とコスモスの花に包まれて幸せそうに暮らすゆみ子の五つの場面で構成されている。それぞれの場面でのゆみ子に対する両親の思いや戦時中と戦後の対比的な表現を考えていくことで、題名「一つの花」に込められた父や母のゆみ子への願いや作者の平和への願いを感じ取ることができる。

これまで児童は、物語教材において主に人物の言動の意味や心情の変化に関する「問い」（なぜ、…したのか、はじめ…だったのになぜ…等）を中心に話し合ってきている。本単元においては、それらに加え、表現や題名の意味に関する「問い」（…とはどのような意味か等）の視点で「問い」を生成させる。児童からは、「花がいっぱいになった意味とは」、「題名『一つの花』に込められた意味は」等の「問い」が出されるだろう。学習計画では、題名に関する「問い」を最後に位置付け、その解決に向けて、それぞれの児童が各場面での「問い」を選択し直したり、新たに生成したりして、「問い」を更新させられるようにする。

2 単元の概要：単元計画（全11時間）

①初発の感想を交流し、視点を基に「問い」をつくる。
②つくった「問い」を交流・選択し、学習計画を立てる。
③④一・二場面の「問い」について話し合う。
⑤⑥三・四場面の「問い」について話し合う。
⑦⑧五場面の「問い」について話し合う。
⑨⑩題名に関する「問い」について話し合う。
⑪話し合ってきた「問い」についてふり返る。
（④⑥で「問い」の見直しを行う）

3 単元の展開（第5・6時）

①導入

前時までの話合いを想起する。前時までの一・二場面の「問い」（例：「『よろこびなんて、一つだって〜』とは、どういう意味か」等）についてノートにまとめたそれぞれの児童の「答え」を発表させる。また、前時の最後に見直した三・四場面における追究したい「問い」を出し合って分類し、グループを編成する。

ポイント！「問い」のもたせ方　前時にまとめたそれぞれの考えを発表し合うことで学びの深まりを実感させる。その後、前時の最後に見直した本時追究したい「問い」を出し合うとともに、「問い」の分類から、自分たちでグループを編成することで、自分が選択した「問い」に対する追究意欲を高める。

②展開前半

似た「問い」を選択したグループ（四、五人）で話し合う。話合いでは、グループ内で一人ひとりが選択した「問い」を取り上げながら話し合っていく。話し合った後で、その時点での自分なりの「答え」をノートにまとめる。話合いを通して、グループで新たに出てきた「問い」や全体に聞いてみたい「問い」を短冊に書かせておくようにする。

③展開後半

グループで話し合ったことを基に全体で話し合う。話合いでは、三場面に関する「問い」（例：「お母さんは、なぜお父さんにゆみ子の泣き顔を見せたくなかったのか」等）から取り上げていき、出征前のゆみ子の両親の心情を考えさせたい。その後、四場面に関する「問い」（例：「なぜお父さんは、ごみすて場のようなところに、わすれられたようにさいていたコスモスの花をあげたのだろう」等）を取り上げ、お父さんがどのような思いで、花を見つめながら行ってしまったのかについて迫らせるようにする。

ポイント！「問い」の解決法　すべての「問い」を取り扱うことはできないので、出征前のゆみ子の両親の心情に関わる「問い」、ゆみ子と別れる際の父の思いに関わる「問い」を順に取り上げ、グループで話し合った考えを中心に他の児童にも発言を求める。その際、話題に関わる「問い」について考えた児童にも発言を求めるようにする。

④まとめ

話合いを通して、自分が選択した「問い」について最終的に考えた自分なりの考えをまとめさせる。また、題名に関する「問い」の解決に向け、次の五場面で考えたい「問い」を最初につくった「問い」の一覧から選択したり、新たにつくらせたりする。

くらしの中の和と洋

くらしの中の「和」と「洋」について調べよう

領域：読むこと
教材収載：東京書籍

［吉田昌平］

1 教材の分析と予想される「問い」

本教材は、日本人が日本文化に基づく和室と西洋文化に基づく洋室のよさを両方取り入れて暮らしていることについて具体例を挙げながら対比的に述べた文章である。結論部には、「『衣』や『食』についても（中略）それぞれの良さがどのように生かされているか、考えることができるでしょう」と述べられており、児童が「『衣』や『食』を題材に、和と洋の文化を取り入れながら暮らしていることを対比的に伝えるオリジナル説明文を書いてみたい」という目的意識をもちやすい。そうすると、「筆者は和室と洋室についてどのように書いているのだろう」という表現の工夫に関する「問い」をもつだろう。そして、和室と洋室の過ごし方や使い方の長所について観点ごとに具体例を挙げて対比的に述べている表現の工夫から、「筆者は和室と洋室について何回比べて書いているのだろう」、「筆者の対比的な書き方にはどんなよさがあるのだろう」という「問い」へと更新されていく。そして、それらの「問い」から児童が見つけたり考えたりしたことが、自分で選んだ題材についての比べる観点やオリジナル説明文を書く際の表現の工夫の参考となっていく。

2 単元の概要：単元計画（全10時間）

［第一次］

①文章を読み、オリジナル説明文を書くという目的をもつ。
②自分が説明文に書く「和」と「洋」の題材を調べる。

［第二次］

③教材文の文章構成を話し合い、オリジナル説明文の序論を書く。
④～⑥和室と洋室の特徴や長所に関する内容や表現の工夫について話し合う。
⑦自分が選択した題材の特徴や長所を表に整理する。

⑧⑨本論、結論を書き、オリジナル説明文を仕上げる。

［第三次］

⑩友達が書いた説明文を読み合い、学習のふり返りをする。

3 単元の展開（第1～9時）

①導入（第1・2時）

まず、教材文の結論部の一文に着目させ「くらしの中にある『和』と『洋』のオリジナル説明文を書く」という読みの目的をもたせる。次に、自分が説明文で扱う題材（例えば「はしとフォーク」、「障子とカーテン」等）について調べさせた後、「二つを対比した説明文を書くために、何を学べばよいですか」と問いかけ、「筆者は和室と洋室についてどのように書いているのだろう」という表現の工夫に関する「問い」をもたせる。

ポイント！「問い」のもたせ方　オリジナル説明文を書くという活動を読みの目的にすることで、教材文での対比の仕方・表現の工夫に関する「問い」をもたせる。

②展開（第3～9時）

まず、教科書の手引きを参照しながら文章を序論、本論、結論に分ける。次に、自分の選択した題材について教科書の序論の文を参照してオリジナル説明文の序論を書かせる。

さらに、本論に着目させ、「筆者は和室と洋室について何回比べて書いているのだろう」と問いかける。児童は問いや呼びかけの文に着目しながら、比べている回数とその観点について話し合っていく。その過程で、具体例が複数あること、過ごし方や使い方のよさを「それに対して」等の言葉で対比的に説明していることを捉えていくことができる。このような表現の特徴を捉えた児童は、オリジナル説明文を書く目的があるため、「具体例を挙げることや、筆者の対比的な書き方にはどんなよさがあるのだろう」という表現の工夫の効果についての「問い」をもつだろう。そして、読み手の立場から考えさせることで、具体例を挙げたり対比的に書いたりすることにより、和室と洋室の過ごし方や使い方のよさの違いが読み手に分かりやすいことに気付いていく。その後、自分が選んだ題材について、使い方などの観点から比較したり、具体例を考えたりしながら、それぞれの特徴を表に整理させる。最後に、整理した表を基に、オリジナル説明文の本論、結論部を書いて説明文を完成させる。

ポイント！「問い」の解決法　呼びかけの文に着目させて、比べている回数について話し合わせる。話合いで捉えた観点ごとに具体例を挙げて対比する工夫について、読み手の立場から考えさせることで、表現の工夫の効果を考え、オリジナル説明文を書く際の参考にできるようにする。

読んで考えたことを伝え合おう

ごんぎつね

領域：読むこと
教材収載：東京書籍

[吉田昌平]

1 教材の分析と予想される「問い」

本教材は、中心人物のごんと兵十との関係の変容を描いた物語である。ごんの兵十に対する心情の変化は、それぞれの場面でのごんの言動や情景描写等から捉えることができる。そのため、児童が孤独なごんの境遇や兵十に償いをしようとするごんに対して気がかりをもち、ごんの兵十に対する心情の変化について「問い」を生成できるように、次のような「問い」の視点を提示する。

○人物設定への問い（そもそもごんは～）
○人物の変容への問い（はじめ…だったのに～なのはなぜか）
○自分との比較からの問い（自分なら～するのに、なぜ～）

また、友達との対話で、それぞれの経験や価値観などの違いから生じる「問い」や考えの相違から、ごんの言動についての解釈の妥当性を検証する「問い」へと更新されていくだろう。そして、それらの「問い」が、自分が読んで考えたことを書き表す感想文を書く視点へとつながっていく。

2 単元の概要：単元計画（全9時間）

【第一次】

①本文を読み、感想文を書いて読み合うという目的をもつ。
②「問い」を生成し、自分が考えたいものを一つ選択する。

【第二次】

③選択した「問い」の場面ごとに集まって話し合い、選択した「問い」や更新した「問い」に対する考えを書く。
④～⑦各場面ごとに出された「問い」について話し合う。
④【ごんが兵十にいたずらする場面】
⑤【ごんが償いを始める場面】
⑥【ごんが兵十と加助の後をついていく場面】
⑦【ごんが兵十に撃たれる場面】

【第三次】

⑧自分や友達が生成した「問い」とそれに対する考えを整理し、物語の感想文を書きまとめる。
⑨感想文を読み合い、学習のふり返りをする。

3 単元の展開（第5時）

①導入

この場面での「問い」は、㋐ごんが償いを始める理由、㋑ごんが償いを続ける理由の「問い」が予想される。この場面の「問い」を選択していない児童には、自分の「問い」に対する考えを練り上げ、よりよい感想文を書くために、本時の「問い」に対する考えをもつ意義を伝えておく。

まず、㋐を選択したグループの「問い」とその考えを発表させる。その考えを聞いた上で、償いを始めるごんの心情を読むというめあてをもたせる。

ポイント！「問い」のもたせ方　「問い」と考えを発表させ、「みんなはどう思いますか」と問いかけさせることで、「自分ならどう考えるか」という「問い」をもたせる。

②展開

まず、全体交流で「問い」に対する考えを出し合う。「あなただったらどうですか」と、自分との比較から発言させることで、ごんのいたずらに対する「後悔」や、一人ぼっちになった兵十の気持ちへの「共感」を想像できるようにする。次に、㋑ごんが償いを続ける理由の「問い」を取り上げ、兵十にものを届け続けるごんの心情について話し合わせる。㋑のグループからは「いわしをぬすんだのにいいことをしたと思ったのはなぜか」等の「問い」が出されるだろう。そこで、前時で読み取ったごんの孤独な境遇と関係付けさせることで、いいことをしたと思うごんの心情を想像できるようにする。また、「どんな思いでごんはくりや松たけを『置いた』のだろう」等の「問い」では、いわしとくりの届け方や数の違いに着目させることで、償いを続けるごんの心情を想像できるようにする。状況に応じて必要な場合は、教師から発問の形で投げかけてもよい。

ポイント！「問い」の解決法①　グループの「問い」と考えを基にした全体交流を位置付ける。前の場面と関係付けたり、ものの届け方や数の違いに着目したりさせることで、償いを続けるごんの心情を想像できるようにする。

③終末

本時の学習をふり返り、ごんが償いを始めた理由や償いを続ける心情について自分の考えや感じたことを書きまとめさせる。

ポイント！「問い」の解決法②　「問い」に対する自分の考えの変化や、参考になった友達の考えを記述させ、対話を通して「問い」を解決するよさを実感させる。

ブックトークで本を読み広げよう

ブックトークをしよう

領域：読むこと
教材収載：東京書籍

[吉田昌平]

1 教材の分析と予想される「問い」

本教材は、これまでの読書経験から、本の魅力やよさを友達に伝えるものである。本単元では、グループで決めたテーマに沿って各自が選書し、クラス全体に対してグループで本を紹介する形式のブックトークを位置付ける。グループ発表の形式にすることで、読書経験の浅い児童も友達と協働しながら本の紹介に取り組むことができる。また、ブックトークの活動を通して、同じテーマでも幅広いジャンルの本があることに気付き、「おもしろそう」「読んでみたい」という読書意欲が高まることが考えられる。つまり、ブックトークは、児童にとって多くの本に出会う契機となる。このような、本を紹介する意義や価値をつかんだ児童は「このテーマでおもしろい本は何だろう」とテーマに関する「問い」を生成するだろう。テーマに沿って本を集めた児童は「どの本を紹介しようかな」という紹介の内容に関する「問い」へと更新し、グループの友達と対話しながら選書するだろう。そして、グループで決めたテーマと照らし合わせながら「友達の本とどうつなげて紹介したらいいかな」という紹介の方法に関する「問い」へと更新していくだろう。

2 単元の概要：単元計画（全5時間）

[第一次]
①めあてをつかみ、グループでブックトークのテーマを決め、本を集める（その後、本を読む時間を取る）。

[第二次]
②③紹介する内容及び方法について話し合い、本を選んだり、紹介の練習をしたりする。
④ブックトークをする。

[第三次]
⑤ブックトークで紹介された本を読み合い、学習のふり返

りをする。

3 単元の展開

①導入

まず、ブックトークについて紹介し、多くの本に出会う契機となるという活動の意義や価値について説明し、学習のめあてをもたせる。次に、「冒険」「食べ物」「海」「環境」「季節」「乗り物」「花」といったブックトークのテーマを紹介し、グループでテーマを選択させる（グループの人数は四人程度が望ましい）。そして、テーマに沿って本を集めさせ、本を読み込む時間を確保する。

ポイント！「問い」のもたせ方　グループでテーマを選択させ、本を複数集めさせたり、本を読む時間を確保したりする。

②展開

児童は、テーマに沿って、物語や図鑑、ノンフィクションなど様々なジャンルの本を集めていることが予想される。そのため、「どの本を紹介したらいいだろう」という「問い」を生成する。そこで、どのようなブックトークができそうか話し合わせる。その過程で、集めた本を比べたり分類したりさせることで、テーマに合った本のおもしろさや魅力を捉え、紹介する本を選ぶことができるようにする。

本単元のブックトークは、テーマに沿ってグループで発表するため、選書した児童は、「友達の本とどのように関係付けて紹介したらいいかな」と、紹介の方法に関する「問い」へと更新していく。それぞれの本の展開の類似性や、内容を具体化したり補完したりするものなど、本と本とを関係付ける視点を提示することで、グループで紹介する本の順序を決めることができるようにする。また、グループ内の役割（本を指し示す、司会進行など）を検討させ、ブックトークの練習の場を設定する。最後に、グループ発表の形式のブックトークを行う。

ポイント！「問い」の解決法　どのようなブックトークになりそうか見通しをもたせ、本を比較したり分類したりさせる。また、本と本との関係性に関する視点を提示することで、友達の本と関係付けながら紹介することができるようにする。

③終末

ブックトークで紹介された本は学級文庫に置いておく。そして、そこから関心をもった本を読ませる。読んだ後は、感想カードを書かせる。そうすることで、ブックトークに対する達成感や、これからの自分の読書生活への意欲をもつことができるようにする。また、感想カードは学級文庫に置いておき、いつでも書くことができるようにする。

日本語の数え方について考えよう

数え方を生み出そう

領域：読むこと
教材収載：東京書籍

［吉田昌平］

1 教材の分析と予想される「問い」

本教材は、日米での物の数え方の違いや、日本語における数え方の役割、外国の考えを取り入れた新しい数え方を例に、数え方は生み出すことができるものであると主張した文章である。多くの児童にとって、助数詞は「そのように数えるもの」として捉えてきたものであることから、本教材に対して新鮮さを覚えるであろう。従って、筆者が挙げている事例や考えに対して、「確かにそうだ」と納得する児童もいれば、「本当にそうか」と懐疑的になる児童もいることが予想される。そこで、まず筆者がどのような事例を挙げて考えを述べているかについて確認し、その後、筆者の考えの述べ方について「分かりやすいか・分かりにくいか」「納得できるか・できないか」の観点で評価させる。児童は、「アメリカのように、ニンジンの数え方がたくさんあるとかえって不便ではないか」という納得度の低さから生じる「問い」や、「数え方を生み出すことは大事だと思うが、なぜ友達は納得しないのだろう」という友達との納得度のずれから生じる「問い」を生成するだろう。そのような「問い」を生成した児童は、友達との対話を通して、日本語の数え方について自分の考えを広げたり深めたりするだろう。

2 単元の概要：単元計画（全7時間）

［第一次］

①説明的な文章を読む経験について話し合い、筆者の主張に対して自分の考えをもつという読みのめあてをもつ。

［第二次］

②教材文を読み、初読での読みの納得度や分かりやすさについて書きまとめる。

③④文章構成や筆者の主張について読み取る。

⑤⑥読みの分かりやすさや、筆者の考えに対する納得度に

ついて話し合う。

［第三次］

⑦日本語の数え方について自分が考えたことを書きまとめ、友達と読み合う。

3 単元の展開（第6時）

①導入

前時までに、読み取った文章構成を基に、事例の内容や挙げ方に関する分かりやすさについて話し合っている。そこで、本時では、その分かりやすさを踏まえて、筆者の考え（「日本語の数え方に、色やにおいなどの特徴を表す数え方が生まれたら、もっと便利で表情ゆたかになる」、「数え方は新しく生み出せるという言葉の柔軟さにも目を向けるべき」等の文）を確認して抜き出し、それらの考えに対する納得度を五件法等で評定させる。そこで児童は、友達との納得度の違いに気付くことになる。そうすることで、「なぜ自分と友達とでは教材文に対する納得度が違うのだろう」と納得度に対する「問い」をもつことができるようにする。

ポイント！「問い」のもたせ方　筆者の主張に対する納得度を評定させ、友達との交流をしながら、黒板上で全体の傾向を視覚化し、納得度の違いに気付かせる。

②展開

まず、筆者の考えに対する納得度が低い児童は、「本当にそうか」「他の考え方はないのか」といった「問い」をもち、納得度が高い児童は、「納得できるのはなぜだろう」という「問い」をもって、一人読みを通して、筆者の考えとそれを支える事例の妥当性を検証していく。

次に、似た評定値にしている児童同士による小集団を編成し、対話活動を位置付ける。こうすることで、児童はなぜ自分がそのような納得度になったのかを捉えていくことになる。さらに、評定値の差が大きい児童同士による小集団を編成し、対話活動を位置付ける。その際、なぜ自分がそのような納得度になったのか、事例や文章を根拠に述べるようにさせる。異なる評定値の児童との対話を通して、文章を批判的に読む観点を捉えていくことになる。

ポイント！「問い」の解決法　納得度の評定値が近い児童同士の小集団や評定値の差が大きい児童同士の小集団による対話活動を位置付け、文章を批判的に読ませるとともに、筆者の考えに対する自分の考えを見直させる。

③終末

次時で筆者の主張に対する納得度を書きまとめるために、本時では、対話活動を通して見出した文章を批判的に読む観点についてふり返らせる。

今の自分たちの生活を、将来の自分たちへ報告するビデオレターをつくろう

調べたことをほうこくしよう

領域：話すこと・聞くこと
教材収載：東京書籍

[宮原佳太]

1 教材の分析と予想される「問い」

本単元では、自分たちの生活実態に関するアンケート調査を行い、自作した資料を用いて報告し合うという活動が設定されている。アンケートの作成では、報告する際の話の構成を意識して設問を考えることが重要になる。例えば、「読書」について①好き嫌い②人気のジャンル③読書習慣といったまとまりで報告するためには、「読書は好きか」「それはなぜか」「どのジャンルに興味があるか」「それはなぜか」「いつ読書しているか」「どれくらいしているか」等の設問が必要になるだろう。

単元の導入では、二分の一成人式と関連させ、学級の生活実態について未来の自分たちへビデオレターで報告するという活動目標を設定する。「どのように報告すればよいか」という「問い」をもった児童と教科書の活動例を見て、学習計画を立てる。その後、活動を進める中で、中間評価やモデルの分析をさせ、アンケートの設問のつくり方や資料のまとめ方、話し方の工夫について、各グループの報告の改善に向かうための具体的な「問い」をもたせていく。

2 単元の概要：単元計画（全9時間）

①二分の一成人式の取組の一つとして、ビデオレターをつくるという活動目標をもつ。
②教科書の活動例を基に学習計画を立てる。
③テーマを決め、アンケートを試作する。
④試作したアンケートの課題から、設問のつくり方や資料のまとめ方についても話し合い、アンケートを修正する。
⑤行ったアンケート調査の結果を、資料にまとめる。
⑥アンケートの構成を基に話の構成を考える。
⑦⑧原稿や話し方の工夫を考え、報告の練習をする。
⑨互いの報告を聞き合い、その様子をビデオレターとして撮影する。

3 単元の展開（第4時）

①導入

前時では、全体でテーマのアイディアを出し合い、同じテーマを選択した者同士でグループを編成した。また、そのグループでアンケートの試作を行った。試作の時点では、「なぜ」「どれくらい」といった実態を具体的に問う設問が十分にできていないことが予想される。

そこで、本時の導入では、教師がそのような課題のあるアンケート（B）を不足モデルとして提示し、「このアンケートの結果で報告をするとしたら、聞き手が知りたいことを十分に報告できるだろうか」と問いかけ、「聞き手が知りたいことを十分に報告するには、どのような質問が必要だろう」という本時の「問い」をもたせる。

ポイント！「問い」のもたせ方 アンケートの設問と報告内容のつながりに気付かせることで、設問のつくり方に関する具体的な「問い」をもつと考える。

②展開

まず、教師から、具体的な質問が適切に設定されたアンケート（A）をモデルとして提示し、「このアンケートの結果で報告をするとしたら、聞き手が知りたいことを十分に報告できるだろうか」と問いかけ、BとA、二つのモデルを比較・分析させる。児童は、「聞き手は、『好き（嫌い）』と回答した理由も知りたいだろうけど、Bだと分からない」「Aには理由を尋ねる質問があるから、聞き手が知りたいことも報告できる」等と報告場面を考えながら、設問のつくり方を捉えていくだろう。また、資料のまとめ方のモデルとして、表、棒グラフ、折れ線グラフの三パターンを提示する。これらを比較・分析することで、「たくさんのデータを整理したい場合は表に、数量の違いをよく見せたい場合は棒グラフに表すとよい」等と資料のまとめ方についても見通しをもたせたい。

ここまでのモデル分析から得た視点を基に、各グループで試作したアンケートの見直しを行う。児童は、「聞き手はみんながいつ読書をしているのかも知りたいだろうから、それを尋ねる質問も付け加えよう」等と報告内容を意識しながらアンケートの設問を見直していく。

ポイント！「問い」の解決法 導入でもたせた「問い」の解決のために、二つのモデルを提示する。それぞれのモデルから報告場面を考えさせながら比較や分析を行うことで、自分たちのグループの推敲の視点へとつなげる。

③終末

グループごとにアンケートの修正内容を発表し、さらなる改善について互いにアドバイスをし合う。

読んで考えたことを伝え合おう

世界一美しいぼくの村

領域：読むこと
教材収載：東京書籍

［宮原佳太］

1 教材の分析と予想される「問い」

本教材では、中心人物である「ヤモ」の故郷や家族への純粋な思いが描かれる一方で、それらが破壊され、奪われたことを知る最後の一文によって、読者は衝撃を受けるとともに、戦争の非道さ・恐ろしさを感じることになる。児童は、これまでの物語教材の学習で「人物」「表現」「題名」の視点で「問い」をつくって話し合ってきたが、本単元では「結末」の視点も加えて学習を行っていく。

まず、題名読みを行った後で、初読の感想を聞き合う。読後感として強い怒りや悲しみが感じられたことを共有することで、児童と「こんなにも悲しく感じるのはなぜだろう」という単元の中心となる「問い」を設定する。

その後、悲しさに関係しそうな表現を考えていくために、「人物」「表現」「題名」「結末」の視点から「問い」を生成する。「ヤモの『むねがいっぱいになってきた』とはどのような思いか」「取り入れの歌の歌詞の意味は何だろう」「この結末には、どのような意味があるのか」等の「問い」が出されるだろう。読後感の要因について話し合った児童は、ヤモが感じたであろう強い怒りや悲しみを改めて感じ、「どうすれば悲しい結末にならずにすむのだろう」と「問い」を更新していくと考える。

2 単元の概要：単元計画（全13時間）

①②初読から、読後感の悲しさに関する「問い」をつくる。
③つくった「問い」を交流し、場面ごとに選択する。
④⑤広場の場面までの「問い」について話し合う。
⑥⑦村へ帰る場面までの「問い」について話し合う。
⑧⑨結末の場面の「問い」について話し合う。
⑩読んで考えたことを感想文に書き、伝え合う。
⑪⑫「世界一美しい村へ帰る」を読み、読後感を比較して、その要因について自分たちで話し合う。

⑬感想文を書いて伝え合い、学習をふり返る。

3 単元の展開（第1～3、8～10時）

①導入（第1～3時）

まず、題名読みを行い、全体で「美しいのは、自然のことだと思う」「故郷の大切さが描かれるのかな」等の予想を出し合った後、全文を読む。児童は、それまでの展開から急激に転じる結末に驚き、読後感として強い怒りや悲しみを感じるだろう。初読の感想を聞き合い、多くの友達が同じような読後感をもっていることを共有することで、「こんなにも悲しく感じるのはなぜだろう」という単元の中心となる「問い」を設定する。

「人物」「表現」「題名」に加え、「結末」の視点（この結末の意味は何だろう等）を提示して、各場面の悲しさに関係しそうな表現等について「問い」を生成させる。出し合った「問い」を広場の場面、村へ帰る場面、最後の場面の三つに分け、場面ごとに選択し、学習計画を立てる。

ポイント！「問い」のもたせ方　題名読みをすることで強い衝撃を感じさせるとともに、「問い」の視点を提示することで、読後感の要因を追究する「問い」を生成させる。

②展開（第8～10時）

第8・9時では、最後の場面に関する「問い」について話し合う。この場面では、一文だけで書かれている意味やヤモの思い等についての「問い」が予想される。第8時では、選択した「問い」に対する自分の考えを書いたり、似た「問い」の小集団で話し合ったりする。第9時では、小集団で話し合ったことについて全体で交流する。全体交流では、一文で書かれた意味に関する「問い」を中心に話し合いたい。一文を読んだときの感想を出し合うことによって、それまでの村の美しさやヤモたちの村を愛する思い等が簡単に消し去られた衝撃を読者に与えたり、ヤモたちのその後等への読者の想像を掻き立てたりする効果があることを確認する。そして、そこから感じられる作者の平和への思いについても考えさせたい。ここまで話し合ったところで、単元の中心である「こんなにも悲しく感じるのはなぜだろう」という「問い」を取り上げ、これまで読んできたことを関係付けながら、読後感の要因について話し合う。

最後に、教師から「このような結末しかなかったのだろうか」と発問し、「どうすれば悲しい結末にならずにすむのだろう」という発展的な「問い」へと更新させ、物語を読んで考えた戦争と平和への思いを書きまとめさせる。

ポイント！「問い」の解決法　黒板にこれまでの場面と最後の一文を対比的にまとめ、その意味や効果について話し合うことで、読後感の要因を考えられるようにする。

第5学年の指導ポイント

「描写」や「主張と事例との関係」に着目し、「関係付ける」「評価する」思考を働かせる

［田中　充］

1 第5学年の教材の特徴と重点

第5学年における「読むこと」の教材では「固有種が教えてくれること」や「大造じいさんとガン」等、「書くこと」の教材では、グラフや表を用いて説得力のある意見文を書く活動等があります。これらの教材を通して登場人物の相互関係や表現の効果、事実と感想、意見との関係等を指導していきます。これらの指導事項から、第5学年では「描写」や「筆者の主張と事例との関係」等に着目し「関係付ける」「評価する」といった論理的・批判的な思考を働かせることが重要だといえます。このような着眼や思考を働かせるためには、「関係付ける」「仮定・置換する」といった思考が必要となります。そのため、5年生では次のような「問い」を生成できるようにします。

○関係付ける

・〇〇と△△はどのような関係なのか。

○仮定する・置き換える

・もし～がなかったら。（仮定）

・もし～だったらどうか。（置換）

2 問える子にするための日常的な取組

(1)関係を図に表す活動

国語科の授業に限らず、他教科の中でも関係付けるという思考方法を繰り返し経験させておくことが重要です。その際、図に表す活動を設定することで、関係を考えさせることができます。例えば、社会科で自動車工場と関連工場との関係を図を使って表現させたり、道徳科で相関図を作らせたりします。全員で図を完成させたり、図を出し合って話し合ったりする際に、矢印や実線、点線等の使い方を共有していくとよいでしょう。他にも、家庭学習で「〇〇と△△の関係について調べて図に表そう」のようなテーマをメニューの中から児童が自分で選択して取り組むような

活動も考えられます。

⑵考えを図や数値等にして視覚化する

「問い」をもたせるには、自らの学習・生活経験とのずれや他者とのずれを感じさせることが大切です。そのために数値化等、視覚的に表現させるようにします。例えば、説明的文章であれば、筆者の主張の分かりやすさや納得度を数値化し比較することで、「なぜ分かりやすいと感じた人が多いのだろうか」という自己と他者とのずれから「問い」をもたせることができ、筆者の説明の工夫に着目させて学習を進めることも考えられます。また、理由を考えさせる際に、算数科等で「もし～なら」、「それだったら～」という思考を使って日常的に考えさせることも効果的です。

⑶「マイベスト『問い』集」の作成

単元や一単位時間の終末段階に「問い」をふり返る時間を設定します。どのような「問い」について話し合ったら、自分やみんなの考えが付加・強化・修正されたのかを省察させ、「いいな」と思った「問い」をＩＣＴ端末を用いて領域ごとに記録させていきます。そうすることで、その後に自分で「問い」をつくる際に参考にする「マイベスト『問い』集」を作成することができます。

子どもの「問い」で授業をつくっていくために

「読むこと」の学習で子どもたちに「問い」をつくらせると、心情の変化につながるものや語彙の意味や解決できないもの等、様々な種類の「問い」が出されます。以前の私は、指導事項に関わる「問い」をいかにも全体の「問い」として取り上げ、授業を展開していたことがありました。子どもの「問い」ではなく、教師に都合のよい「問い」を選んでいたと反省しています。ねらいに迫る「問い」を子どもにもたせるには、「問い」の視点を提示することに加え、状況によって先に共通理解しておくべき情報等を確認することも必要な支援の一つではないかと考えます。

また、「問い」のある授業づくりでは、教材研究の重要性はさらに高まります。子どもの「問い」や発言に見える考えは、氷山の一角であり考えの多くの部分が見えていません。しっかりとした教材研究をすることで、隠れている子どもの考えを見抜き、他の「問い」とつなげたり、教師から問いかけて広げたりすることができます。「問い」のある授業では、教師のファシリテーターとしての役割が重要です。そのためにも、これまでの授業づくり以上に深い教材研究が欠かせないと感じているところです。

人物の心情や人物どうしの関わりをとらえ、印象に残ったことを伝え合おう

銀色の裏地

領域：読むこと
教材収載：光村図書

［田中　充］

1 教材の分析と予想される「問い」

本教材は、人物の相互関係や人物像について考えることに適した教材である。物語は中心人物の理緒の視点で描かれており、対人物（高橋さん）との関わりを通して理緒の心情が変化する。新学期になり、クラス替えを経験している児童は、理緒の気持ちに共感しながら読み進めることだろう。印象に残ったことを伝え合うという活動に向け、理緒と周囲の人物同士の関わりを捉えながら読み深められるようにしたい。

通読後、「あぁ、分かるな」「共感できるな」と感じたことや不思議に思ったことを中心に初発の感想を書かせる。その後、各々が印象に残ったことを出し合う活動の中で、「なぜ理緒は急にお母さんのことを話したくなったのか」「なぜはずむような声になったのか」という理緒の心情の変化に関する「問い」や、「なぜ高橋さんは理緒をプレーパークに誘ったのだろう」「銀色の裏地って結局どういうことなのだろう」といった高橋さんの言動に関する「問い」などを全体で交流しながら、理緒の心情が変化した理由に関する「問い」をもたせるようにする。

2 単元の概要：単元計画（全5時間）

［第一次］

①印象に残ったことを出し合い、「問い」を整理する。

［第二次］

②人物関係図を作り、大まかな理緒の心情の変化を捉える。

③理緒の心情が変化する前の「問い」（第一・二場面）について話し合い、理緒の人物像やものの考え方を読む。

④高橋さんの言動に関する「問い」について話し合う活動を通して、理緒の心情が変化した理由を読み深める。

［第三次］

⑤強く印象に残ったこととその理由を書き、交流する。

3 単元の展開（第4時）

①導入

ロイロノートの共有機能を使い、家庭学習で各自が作成した第三場面での人物関係図を共有する活動を通して、第三場面での理緒と高橋さん、あかね・希恵との関係を再度捉え直す。その後、教師から「理緒の変化に一番関係している人物は誰だろうか」と問うことで、高橋さんとの関わりによって、「理緒はどのように、なぜ変化したのだろうか」という「問い」をもたせるようにする。

ポイント！「問い」のもたせ方　児童が作成した第三場面での人物関係図を基に、一番理緒の変化に関わっている人は誰かを問うことで、理緒の心情の変化の理由に関する「問い」をもたせる。

②展開

展開前段では、理緒の心情がどのように変化したのかについて叙述を基に話し合う。例えば、「だまってくもり空を見上げ続けた」「そう想像するのは、とてもすてきなことだった」「急に今朝のお母さんのことを話したくなった」「はずむような声が出ていた」等、第1時で児童から出された理緒の変化に関する「問い」を取り上げて話し合う。そして、変化前の理緒と比較しながら、考え方の変化や支えてくれている母の存在への気付き等、気持ちが晴れやかになっていく理緒の心情の変化を捉える。

次に、なぜそのような変化が理緒に生まれたのかについて話し合う。児童の高橋さんの言動に関する感想や「問い」を取り上げ、「今日は、空を見るのに絶好の天気だから」「こまったことがあっても、いやなことがあっても、いいことはちゃんとあるんだって」等、変化のきっかけとなった高橋さんとの出来事や言動に線を引いたり、第二場面の給食時間の出来事とつなげたりして、高橋さんの言動の意味について解釈を出し合う。話合いでは、本教材の題名にもなっている「銀色の裏地」という言葉の意味についての「問い」も取り扱い、前向きで、理緒を励まそうとする高橋さんの考え方や気持ちから、高橋さんの人物像について短い言葉で表現させるようにする。

最後に、高橋さんの言動に対して理緒がどのように受け止めて変化したのか、またその変化の理由について自分の経験を基にまとめさせる。

ポイント！「問い」の解決法　変化のきっかけとなった高橋さんとの出来事や言動の意味について自分の経験を基に話し合うことを通して、題名でもある「銀色の裏地」が表していることを自分の言葉で表現したり、高橋さんの考え方や人物像を捉えたりできるようにする。

きいて、きいて、きいてみよう

話の意図を考えてきき合い、「きくこと」について考えよう

領域：話すこと・聞くこと
教材収載：光村図書

［田中　充］

1 教材の分析と予想される「問い」

本単元では「聞き手」「話し手」「記録者」のそれぞれの立場によって「きくこと」に違いがあることに気付かせ、今後の学習で意識できるようにしたい。そのためには、実際の活動前の準備が重要となる。何について、どの順序でインタビューするのかを整理し、事前に練習をする場を設定したい。

新学期、新しい学級となった児童に、クイズのような遊びを設け、もっと友達のことを知りたいという関心を高める。そこで、教師から「友達にインタビューをしたことを報告し合おう」という活動を提案する。その後、模擬インタビューを体験させることで、「質問が続かない」「記録が間に合わなかった」等、それぞれの立場で見えてきた困り感を共有し、「どのようにインタビューすればよいか」「どのように記録をしたらよいか」という「問い」をもたせる。

練習では、ペアで互いに評価をし合いながら、「どうしたら自然にインタビューを続けられるか」等の「問い」へと更新させていく。

2 単元の概要：単元計画（全7時間）

【第一次】
①模擬インタビューを行い、学習計画を立てる。

【第二次】
②モデル動画を参考に、「聞き手」「話し手」「記録者」のポイントについて話し合う。
③インタビューの相手に対する話題の中心を考えながら、インタビュー内容の分類・順序付け、組み立てを考える。
④ペアで「聞き手」「話し手」の練習を行う。
⑤⑥インタビューし合う三人で活動し、ペアが評価する。

【第三次】
⑦報告会を行い、「きくこと」の違いについて交流する。

3 単元の展開

①導入（第1時）

スリーヒントクイズを行い、友達への関心を高めた後、友達にインタビューをしたことを報告する活動を教師から提案する。その後、模擬インタビュー活動を行い、児童の困り感を共有することで、本単元のめあてを共有する。

ポイント！「問い」のもたせ方　模擬インタビューを行い、困り感を共有し、単元を通した「問い」をもたせる。

②展開（第2～7時）

まず、教科書のモデル動画を文字起こしした（上段が聞き手、下段が話し手の言葉に分けた）学習プリントを配付し、聞き手と話し手のよさについて全体で話し合う。聞き手が「相手の話の流れに沿って質問していること」や、話し手が「質問に対する答えを最初に言うこと」等のポイントを短冊シートで整理することで、後に「ききかた」を相互評価する際の視点とすることができる。記録者については、メモの取り方が重要となる。キーワード化したり、矢印や記号を使ったり、要点をまとめたりと、どのようにメモをするのか確認する。本単元内では、記録の練習の時間を確保することは難しいため、朝の会で教師や友達の話をメモする活動を繰り返し位置付けるようにしたい。

次に、インタビューの準備を行う。インタビューし合う三人組でそれぞれの役割を決め、事前に行った「何が好きか」「最近がんばっていること」等の簡単なアンケートの回答を基に、インタビューする相手への質問を付箋に書き出す。そして、話題の中心を意識して選択したり、自然な流れになるように順序を入れ替えたりさせる。

インタビューの準備ができたら、本番で互いに評価し合う別の三人組のグループの中の友達とペアになり、話し手と聞き手の役を交代しながら練習を行う。その中で、聞き手役が話の要点をまとめたり、内容を確かめたり、質問の順序を変えたりして、自然な流れでインタビューができているかを見合い、ペアでアドバイスし合うようにする。

本番では、互いに評価し合う三人組のグループ同士でインタビューの様子を見合い、一緒に練習したペアの児童で評価し合う。話の流れに沿ってインタビューしていれば1点、質問に対して最初に答えを話していれば1点等、全体で確認したポイントをチェックシートにまとめたものを配付することで、「ききかた」を意識しながら活動できるようにする。

ポイント！「問い」の解決法　インタビューに向けて準備・練習できる時間を設定する。また、ペアで相互評価する活動を位置付けて、指導事項を意識できるようにする。

文章の要旨をとらえ、自分の考えを発表しよう

見立てる／言葉の意味が分かること

領域：読むこと
教材収載：光村図書

［田中　充］

1 教材の分析と予想される「問い」

本単元のねらいは、文章全体の構成を捉えて要旨を把握し、筆者の考えや取り上げている事例との関係について自らの考えをもつことである。二つの教材は、文化や言葉に表れたものの見方について述べた双括型の構成となっており、練習教材「見立てる」で学んだ事例と筆者の主張との関係（「筆者の主張はどこにあるのか」、「取り上げている事例はいくつあるのか」、「事例は主張とどのように関係しているのか」）の視点を基に、主教材「言葉の意味が分かること」に対して、児童が「問い」をもって読み進めることができるようになっている。

また、主教材「言葉の意味が分かること」には筆者の考えに基づく独特な表現が使われているため、内容面に関する児童の素朴な「問い」も予想される。事例の内容について全体で確認していくことで、「筆者の主張とどのように関係しているのか」という「問い」へと更新させ、自分の考えを形成させるようにしていく。

2 単元の概要：単元計画（全8時間）

［第一次］
①「見立てる」を読み、文章の構成と主張を捉える。
②事例と筆者の考えとの関係について話し合う。

［第二次］
③「言葉の意味が分かること」を読み、「問い」をもつ。
④文章の構成と主張を捉える。
⑤書かれている事例について、内容を捉える。
⑥事例と筆者の考えとの関係について話し合う。

［第三次］
⑦「言葉の意味が分かること」の要旨をまとめる。
⑧筆者の考えに対する自分の考えを友達と交流する。

3 単元の展開

①導入

最初に簡単なあやとり遊びを行い、作った形に名前を付ける活動を通して、見立てるという行為を経験させる。

その後、「見立てる」を読み、「分かりやすさ」と「納得度」の二つの視点で直感的に評価（数値化）させ、個々の評価を交流させる。そうすることで、「なぜみんなが分かりやすいと感じるのだろう」や「どうしてそれぞれ評価が異なるのだろう」というような疑問が生まれ、「みんなで話し合うことで、自分の中での『見立てる』への評価はどのように変わるだろうか」という「問い」をもたせる。

そこで、文章全体を評価していくためには、「❶主張はどこにあるか」、「❷どのような事例がいくつあるか」、「❸主張と事例との関係はあるか」という「問い」が必要であることを確認する。まず、「❶主張はどこにあるか」では、頭括型、尾括型、双括型の中から予想をさせて話し合う。また、「❷どのような事例がいくつあるか」で事例の内容を確認し、「❸主張と事例との関係はあるか」で、主張のためになぜこの事例が必要なのかについて話し合うようにする。最後に、「分かりやすさ」と「納得度」の視点で再評価させ、評価が変わった理由について交流する。

ポイント！「問い」のもたせ方

各児童に簡単に評価させることで共通点や相違点が明確になり、より適切な評価をするための視点として❶～❸を提示する。全体で解決する過程を経験させることで、主教材では同様の視点から児童が「問い」をもって読み進めるようにする。

②展開

主教材「言葉の意味が分かること」を読み、「分かりやすさ」と「納得度」を直感的に評価させる。児童は、既習から事例の内容や主張と事例との関係を意識しながら評価するだろう。そして、それぞれの評価を出し合い、共通点や相違点を明らかにする（児童が話合いに慣れていれば、そのまま話し合いながら読んでいくことも可能である）。

教師から「どのように読んでいくか」を問いかけ、❶～❸を確認する。本教材の場合、事例の内容を分かりにくいと感じる児童もいると考えられる。そこで❷で、事例の内容に関する「問い」を取り上げ、叙述と図をつなげながら、互いに説明させるようにする。最後に再評価を行い、評価が変わった理由について交流する。

ポイント！「問い」の解決法

再評価に向けて❶～❸を「問い」の視点として読み進める。抽象的な内容を扱うため、本文や挿絵を拡大提示したり本文を図化させたりして児童が互いに説明し合える場を設定しておく。

伝えたいことを整理して、報告しよう
みんなが使いやすいデザイン

領域：書くこと
教材収載：光村図書

［吉田昌平］

1 教材の分析と予想される「問い」

本単元における重点指導事項は、題材の設定、情報の収集、内容の検討であることから、それに関連する「問い」の生成を重点とする。本単元では、身の回りのユニバーサルデザインについて調べ、報告文に書きまとめて友達と報告し合う活動が設定されている。多くの児童は、これまでにユニバーサルデザインであるかという視点で身の回りのものを捉えた経験は少ないと考えられる。そのため、「身の回りのものの中でユニバーサルデザインといえるものはどれだろうか」という情報収集に関する「問い」を生成するだろう。「問い」を生成した児童は、学校や地域にあるものについてタブレットや資料等を活用しながら調べ、身の回りのユニバーサルデザインに関する情報を集めていく。そして、集めた情報から「どの情報を文章にしていけばよいか」という情報の整理に関する「問い」へと更新していくだろう。児童は、集めた情報を「合わせる」「まとめる」「削る」「順序付ける」等の視点で整理していく。そこで、「その情報にはどんな見出しを付けるといいだろう」と問いかけ、自分が報告文に書きたいことに合うものを選び、報告文に書きまとめていく。

2 単元の概要：単元計画（全7時間）

【第一次】
①報告文を書く相手や目的について話し合う。

【第二次】
②③身の回りのユニバーサルデザインについて調べる。
④⑤集めた情報を整理して、自分が伝えたいものを選ぶ。
⑥報告文の形式に沿って、報告文に書きまとめる。

【第三次】
⑦それぞれの報告文を読み合い、学習をふり返る。

3 単元の展開

①導入（第一次）

まず、教科書に例示されているシャンプーや非常口のマーク等を提示し、誰もが使いやすいように考えられたデザインのものがユニバーサルデザインであると児童が捉えられるようにする。そして身の回りにあるユニバーサルデザインについて話し合わせることで「身の回りのものの中でユニバーサルデザインといえるものはどれだろうか」という情報収集に関する「問い」を生成し、身の回りのユニバーサルデザインについて調べ、報告文に書いて友達と報告し合うという学習のめあてを設定する。

ポイント！「問い」のもたせ方　写真や実物を提示しながらユニバーサルデザインについて理解させた後、身の回りのものについて話し合わせ、「問い」をもたせる。

②展開（第二次）

まず、身の回りにあるユニバーサルデザインを調べ、自分が紹介したいユニバーサルデザインを一つ選ぶ。次に、選んだデザインについて資料やインターネットで調べたり、お家の人に聞いたりして、デザインの工夫や由来、定着度など様々な情報を付箋に書いて集める。その際、似たデザインを選んだ友達でグループを編成し、互いに調べたことを伝え合うことでさらに付箋を書き溜められるようにする。そして、多くの情報を集めた児童は「どの情報を文章にしていけばよいか」という情報の整理に関する「問い」を生成するだろう。そこで、各自で付箋を「合わせる」「まとめる」「削る」「順序付ける」等の視点で整理していく。必要に応じて、グループの友達に相談してもいいようにする。情報の整理をした後は、「その情報にはどんな見出しを付けるといいだろう」と問いかけ、それぞれの情報に見出しを付けさせる。そうすることで、自分が報告文に書きたいことに合うものを選ぶことができ、その見出しを使って報告文に書きまとめていく。

ポイント！「問い」の解決法　教師が情報の書かれたカードを提示し、それらを使って学級全体で「合わせる」「まとめる」「削る」「順序付ける」等の整理の仕方について話し合わせて確認をする。その後、集めた情報を各自で整理させるようにする。

③まとめ（第三次）

情報を整理する前のメモとそれを基に完成した報告文とを友達と互いに見せ合い、どのように情報を整理して、報告文を完成させたのかについて話し合わせる。情報の整理の仕方を中心に、互いのよい点とその理由を伝え合い、情報の収集・整理の仕方のポイントについてふり返らせる。

たずねびと

物語の全体像をとらえ、考えたことを伝え合おう

領域：読むこと
教材収載：光村図書

［田中　充］

❶ 教材の分析と予想される「問い」

本教材では、十一歳の「綾」が広島に行き、被爆者のおばあさんや資料館の展示物等との出会いから、原爆被害の事実を知り、被害に遭った人々へ思いを馳せるように変化していく姿が描かれている。読者である児童もまた、同世代の綾と自分自身とを重ね、物語の中で綾と一緒に人やものと出会い、戦争や原爆への考え方を変化させるだろう。

物語の全体像を捉えるためには、どんな人物が、何に出会い、どのように変わったのか、その変化を読むことが求められる。そのために、駅、平和記念資料館、原爆供養塔等、それぞれの場所で、綾が何に出会い、どのような綾へと変化したのか「人物の変化マップ」を作成する活動を設定する。児童には、通読後、各場所での綾の変化について簡単に個々に表現させ、発表し合う中で、綾が各場所で出会った人やもの、綾の変化についてグループや全体で話し合い、見直していくことを確認する。「夕日を受けて赤く光る水の意味とは」「なぜ楠木アヤという文字を指でなぞったのか」等、初発の感想で書いた児童の個々の「問い」は、一覧で配付し、授業の中で適宜取り上げるようにする。

❷ 単元の概要：単元計画（全7時間）

【第一次】

①どんな綾になったのかを出し合い、「問い」をもつ。

【第二次】

②根拠となる叙述を基に、人物の変化マップを作る。
③駅でポスターに出会った場面の綾について交流する。
④資料館や追悼平和祈念館の場面の綾について交流する。
⑤供養塔でおばあさんに会った場面の綾について交流する。
⑥橋でらんかんにもたれた場面の綾について交流する。

【第三次】

⑦「たずねびと」についての自分の考えをまとめる。

3 単元の展開

①導入

初発の感想を書いた後で、場所ごとにどんな綾になったのか一言で簡単に表現する。互いの考えの違いが分かるように視覚化し、「それぞれの場所で綾が何と出会って、どのように変わっていったのか」という「問い」をもたせる。

ポイント！「問い」のもたせ方 それぞれの場所で少しずつ変化する綾を直感的に表現させて、互いの考えの違いを見せることで、確かめたいという思いをもたせる。

②展開

第2時では、自分の考えをつくる時間とし、それぞれの場所での綾の変化とその要因について最初の考えを人物の変化マップにまとめていく。第3時以降は、個々で作成したマップから、教師が作成したそれぞれの考えの一覧表を基に、各児童が「自分の考えはこれでいいのか」「他の人はどう考えているのか」等の「問い」をもちながら解釈を交流していく。各授業の前半では、児童が話してみたい相手とグループをつくり、考えの根拠となった叙述やその解釈について交流し、自分の考えを見直す。そして、後半では、全体で交流し、再度自分の考えを見直させるようにする。

ここでは、第4時を例に述べる。グループ交流では、まず資料館や追悼平和祈念館で綾が出会った展示品等を確認する。そして、それらのものとの出会いによる綾の変化について、根拠となる叙述とその解釈を話し合う。例えば、追悼平和祈念館で「綾は、原爆で亡くなった子どもたちを想うようになり始めた」と考える児童は、「映し出された人々の画像」との出会いから、「どうしても目がはなせなかった」という叙述を根拠に「自分と同じような子どもたちの姿を見て、多くの子どもたちが亡くなったことを実感したと思う」のような解釈を語るだろう。全体交流では、グループ交流で見直した考え・叙述・解釈を発表し合いながら、初発の感想で出された「なぜ綾は気が遠くなりそうだったのか」等の「問い」を取り上げ、全員に投げかけるようにする。ふり返りでは、資料館や追悼平和祈念館のそれぞれで綾がどのように変化したのか、自分の考えの変化をまとめさせるようにする。

ポイント！「問い」の解決法 一覧表を作成し、自分の考えを見直すために話してみたい相手を選ばせるようにする。また、出会ったものを確認し、綾の変化、根拠の叙述、解釈の順で意見を述べさせるようにする。

③まとめ

各児童で、綾の全体の変化から物語の全体像をまとめ、「たずねびと」についての考えを交流する。

たがいの立場を明確にして、話し合おう

よりよい学校生活のために

領域：話すこと・聞くこと
教材収載：光村図書

［吉田昌平］

1 教材の分析と予想される「問い」

本教材は、よりよい学校生活にするために、新たな取組や解決したい課題について、司会など役割を決めてグループで話合いをするものである。児童は、委員会活動などを通して学校全体を見渡せるようになっているため、学校生活の中から議題を選定することができるだろう。一方で、児童はこれまでに自分の考えを表出しないままで終えたり意見がまとまらなかったりした話合いの経験をしている。従って、これまでの話合いの経験を想起させることで「自分の考えをしっかり伝える話合いにするにはどうすればいいのだろう」という立場の明確化に関する「問い」や、「考えをまとめる話合いをするにはどうすればいいのだろう」という考えの収束に関する「問い」を生成するだろう。そこで、「給食準備をもっと早くするためにはどうすればいいか」のように、よりよい学級にするための議題で試しの話合いをグループで行う。その話合いの様子を互いに相互評価させたり教科書の話合いの例を分析させたりすることで、話合いでの立場の明確化や考えの収束のコツをつかんでいく。そして、話合いのコツを基に、よりよい学校生活にするための議題についてグループで話合いをしていく。

2 単元の概要：単元計画（全6時間）

［第一次］
①これまでの話合いの経験について話し合い、学習の目的や見通しをもつ。

［第二次］
②③よりよい学級にするための議題で試しの話合いをし、話合いのコツについて話し合う。
④⑤よりよい学校生活にするための議題で話し合う。

［第三次］
⑥話合いでよかった点を整理し、学習をふり返る。

3 単元の展開

①導入（第一次）

まず、これまでに自分の考えを表出しないままで終えたり意見がまとまらなかったりした話合いの経験について想起させ、その経験について話し合わせる。そうすることで「自分の考えをしっかり伝える話合いにするにはどうすればいいのだろう」という立場の明確化に関する「問い」や、「考えをまとめる話合いをするにはどうすればいいのだろう」という考えの収束に関する「問い」を生成するだろう。そして、学習計画について話し合い、試しの話合いをして話合いのコツをつかみ、そのコツを使って話合いを進めるという見通しをもたせる。

ポイント！「問い」のもたせ方　これまでの不十分だった話合いの経験を想起させ、その内容や不十分だった要因について話し合わせる。

②展開（第二次）

第2・3時ではまず、試しの話合いをし、それを踏まえて教科書の話合いの例について分析させ、話合いのコツをつかませる。試しの話合いの前には、くま手チャートやPMIなどの思考ツールを用いることで、自分の考えや立場を明らかにさせる。次に、よりよい学級にするための議題を提示し、グループで話合いをさせる。そして、グループの話合いの様子を他のグループが観察する。グループの話合いについては、❶友達の考えを整理した発言か❷考えをまとめるための発言か、といった視点で相互評価させる。それを繰り返した後、それぞれの相互評価や分析の内容について整理し、話合いのコツとして学級で共有する。

第4・5時では、まず「自分たちでできるか」「学校生活がよりよくなるか」という二つの視点から議題を選定させる。そして、選定した議題について前次に獲得した話合いのコツを使いながら、グループで話合いをさせる。また、互いのグループの話合いの様子を観察させる。

ポイント！「問い」の解決法　教科書の例を分析させる。また、試しの話合い活動を位置付け、考えの収束という視点から話合いの相互評価をさせる。さらに活動の目的に応じた思考ツールを活用する。

③まとめ（第三次）

これまでの話合いについて❶友達の考えを整理したか❷考えをまとめることになったか、という視点で自分や友達の発言をふり返らせる。それらの発言については、話合いのコツとして教室に掲示するなどして、今後の学習で活用することができるようにする。

資料を用いた文章の効果を考え、それをいかして書こう

固有種が教えてくれること／自然環境を守るために

領域：読むこと／書くこと
教材収載：光村図書

［田中　充］

1 教材の分析と予想される「問い」

本単元は、多様な資料を用いた双括型の文章である「固有種が教えてくれること」での学習を生かし、これからの社会に対する考えを書く教材へとつながっていく。

まず、これからの社会についての自分の考えを家族に納得してもらう文章を書くというゴールを提示し、参考とする本教材を読む。そこで、資料を用いた説明の特徴に気付かせ、「資料を用いることでどんな効果があるのか」という「問い」をもたせる。その後、各資料に対する「効果度」を児童が直感的に評価（数値化）し、その話合いの中で、文章と資料とを照応させながら検討していく。「この図表がなかったら」、「違う資料だったら」等、教師から異なる説明の場合を具体的に問いかけて効果を考えさせることで、児童自身に「もし～だったら」と仮定して資料の効果について問う視点をもたせるようにする。

2 単元の概要：単元計画（全11時間）

【第一次】

①相手に納得してもらう文章を書くために、効果的な資料の使い方について考えるという学習の見通しをもつ。

【第二次】

②文章の内容や構成を確かめ、内容の大体を捉えるとともに、各資料の「効果度」を直感的に評価させ、自分の考えをつくらせる。

③資料1の効果について話し合う。

④～⑥資料2以降の資料の効果について話し合う。

【第三次】

⑦～⑩テーマに対する自らの考えを支える資料を選択し、構成の検討、下書きの作成、推敲、清書を行う。

⑪家族に読んでもらった報告を行い、学習をふり返る。

3 単元の展開

①導入（第一次）

これからの社会についての自分の考えを家族に納得してもらう文章を書くことを伝え、参考として本教材を全体で読む。その後、教師から「専門的で難しそうな内容でも読者が納得できるのはなぜか」と問いかけることで、教材に資料が多く使われていることに気付かせる。そこで、予想を出させながら、「本教材で使われているグラフや表等の資料には、相手を納得させるためにどのような効果があるのか」という「問い」をもたせる。

ポイント！「問い」のもたせ方　家族に納得してもらう文章を書くという活動目標の下で、本教材を読み、その特徴について話し合う。そして、資料を用いた説明が相手を納得させる上で、どのような効果があるのかについて予想を出し合わせることで、「問い」をもたせる。

②展開（第二次）

第2時では、筆者の主張とそれを支える事例を確かめるとともに、各資料に対する「効果度」を直感的に評価させ、その理由について自分の考えをつくらせる。

第3時では、まず資料1に対する「効果度」を出し合わせ、その理由について話し合う。その際、話合いに合わせて、教師から「地図が無かったら」、「面積の項目が無かったら」等、異なる説明の場合を具体的に問いかけることで、仮定して考える視点をもたせるようにする。

第3時以降は、話合いの中で出された「もし～だったら」を一覧掲示していき、児童自身が仮定して考える視点をもちながら、資料の効果について話し合えるようにする。

例えば、第6時では、まず、資料6と資料7の「効果度」について出し合い、その感じ方の違いから資料の効果について話し合う。話し合う中で、「資料が横に並んでいたら（分かりにくい）」、「もし、二つの資料の年が揃っていたら（もっと分かりやすい）」、「ニホンカモシカの生息数の増加を示すグラフがあれば（もっと分かりやすい）」等のような視点から評価の理由を話し合わせていきたい。

ポイント！「問い」の解決法　話合いで出された「もし～だったら」を一覧提示していくことで、児童自身が仮定して考える視点を意識してもつようになり、資料の効果的な示し方について考えられるようになる。

③まとめ（第三次）

教師が準備した複数の資料の中から、自らの考えを支える資料を選択したり、タブレットで調べたりしながら、どの資料を使えばよいか検討させる。その後、完成した文章を家族に読んでもらった報告会を行い、学習をふり返る。

伝記を読み、自分の生き方について考えよう

やなせたかし――アンパンマンの勇気

領域：読むこと
教材収載：光村図書

1 教材の分析と予想される「問い」

本教材は梯氏によって書かれたやなせ氏の伝記である。伝記では、筆者が伝えたい人物の人柄を述べるために、人物の功績や逸話、言動を時系列で語る。児童には、そのことを踏まえさせた上で、自分と重ねながら人物のしたことや考え方を読み、自己の生き方を考えさせたい。

まず、児童に馴染みのある偉人を紹介し、伝記には書き手が考えるその人物の考え方や、それを表す出来事が時系列で語られていることを説明する。次に、自分が好きな偉人を紹介する「偉人プレゼン大会を開こう」という活動を設定することで「好きな偉人をプレゼンするために、どのように伝記を読めばよいのか」という「問い」をもたせる。そこで本教材「やなせたかし――アンパンマンの勇気」を紹介し、プレゼン資料作成の練習をすることを確認する。「筆者は、やなせ氏の人柄を伝えるために、どのような出来事や言動を取り上げているか」という「問い」を中心に話し合い、「筆者は、やなせ氏の生き方についてどのように考えているか」という生き方に関する「問い」へと更新させる。単元後半では、自分が考える好きな偉人の生き方と紹介する出来事や言動がつながっているかを問いながら、プレゼン資料を作成する。

2 単元の概要：単元計画（全5時間）

【第一次】

①学習計画を立てる。学級に多くの伝記を置いておく。

【第二次】

②主な出来事や、やなせ氏の言動を整理する。
③やなせ氏の生き方について考えをまとめ、資料にする。

【第三次】

④自分が好きな偉人を紹介するプレゼン資料を作成する。
⑤偉人プレゼン大会を開き、学習したことをまとめる。

［田中　充］

3 単元の展開

①導入（第一次）

発明家でもあり経営者でもあったエジソンを例に挙げ、伝記には書き手が伝えたい人物像に合った出来事や言動が時系列で語られていることを説明する。次に、それぞれが選んだ好きな偉人の伝記を基に「偉人プレゼン大会」を開くことを伝える。本教材で資料作成の練習をすることを確認し、「自分の好きな偉人を紹介するために、どのように伝記を読めばよいか」という「問い」をもたせる。

ポイント！「問い」のもたせ方　自分が好きな偉人を紹介する「偉人プレゼン大会を開こう」という活動を設定し、学級に自由に読める多くの伝記を置くことで、伝記の読み方に対する「問い」をもたせる。

②展開（第二次）

第2時では、本教材を読み、時系列でやなせ氏の人生の主な出来事を年表にまとめさせる。例えば、幼少期や戦時中の出来事（両親との別れや弟の死）、戦後の出来事（道端でおにぎりを分け合う兄弟との出会い）、世の中が落ち着き始めた頃の出来事（漫画家として歩み出し、五十四歳のときアンパンマンを生み出した）、亡くなる直前の出来事（東日本大震災のこと）などを確認する。それらの出来事に対するやなせ氏の言動や考えたことを書き加え、文章全体の概要を捉える。

第3時では、前時にまとめた年表を基に、筆者が捉える人物像を考えてスライド資料を作成する。資料では、偉人の人物像を端的に表現し、その根拠となる出来事等を複数挙げて紹介させるようにする。例えば、「たとえ自分が苦しくても、傷ついた誰かのためなら、力を出し切れる人」と考えた児童は、「何度も病気で入院し、手術をした回数も…」という叙述や東日本大震災での出来事を根拠に挙げて資料を作成するだろう。作成した資料をタブレット等で共有し、筆者が捉えるやなせ氏の人物像を交流した後、自分が考えるやなせ氏の人物像について考えをまとめさせる。

ポイント！「問い」の解決法　筆者が取り上げた出来事や人物の言動等を、時系列で年表に整理し、それを根拠に人物像を紹介するスライドを作成させる。また、「すごい」と思うところを出し合うことで、自分と重ねて読ませる。

③まとめ（第三次）

前時と同じ方法で、自分が好きな偉人の人物像を端的に表現し、その根拠となる出来事等を複数挙げてスライド資料を作成する。作成後、「偉人プレゼン大会」で発表し合う。その際、自己の生き方と重ねながら、「すごい」と思うところを紹介させるようにする。

読み手が納得する意見文を書こう

あなたは、どう考える

領域：書くこと
教材収載：光村図書

[田中　充]

1 教材の分析と予想される「問い」

本単元は、データや体験など具体的で客観的な根拠や理由を示し、相手の考えに譲歩しながら読み手が納得する意見文を書く活動が位置付けられている。また、公共物や公共施設等、社会に目を広げた題材が例で挙げられている。

指導にあたっては、電車の優先席について小学生が書いた投書を読み、生活の中で「こうすればいいのに」と思うことを出し合いながら社会への関心を高めた上で、実際に自分たちも新聞に投書することを提案する。児童は「何について書こうかな」という「問い」をもつであろう。次に、自分が決めた題材について調べる時間を設定し、主張や根拠を整理した上で、意見文の書き方に関する「問い」へとつなげる。教科書のモデル文を分析する活動の中で予想される「なぜ反論を書く必要があるのだろう」という「問い」を取り上げ、譲歩することで説得力が増すことを共有する。書く活動では、タブレットを用いて書いた意見文を交流することで「相手を説得できる意見文になっているか」という「問い」へと更新させる。そして、ペアや小グループで説得力があると感じた点や、補った方がよい点を伝え合いながら、再度意見文を書き直していく。

2 単元の概要：単元計画（全6時間）

[第一次]

①意見文を書くことへの目的をもち、題材を選定する。

[第二次]

②題材について調べ、自分の考えや根拠を整理する。
③モデル文を分析し、タブレットを使って意見文を書く。
④共有機能を用いて、意見文について感想を交流する。
⑤交流した内容を基に、再度、意見文を書き直す。

[第三次]

⑥書き上げた意見文を投書し、学習をふり返る。

３ 単元の展開（第１〜５時）

①導入（第１時）

　小学生が書いた社会に関する投書の記事を提示し、気軽に感想や意見を出し合いながら、投書への関心を高める。続けて「この小学生のように、普段の生活で、こうすればいいのにと思うことはありますか」と問い、考えを出し合いながら、少しずつ社会への関心を高める。そこで自分たちも投書することを提案し、書く目的をもたせる。児童は「何について投書しようかな」という「問い」をもつであろう。そこで、教師が提示したいくつかの社会に関するものや、先ほどの交流で出たものの中から選んだり、自分で書きたいものを見つけたりしながら題材を決める。

ポイント！「問い」のもたせ方　実際に投書するという活動を位置付けることで、「何について書こうかな」という学習への動機付けとなる「問い」をもたせる。

②展開（第２〜５時）

　投書する上で、題材に関する知識や情報がなければ、読み手を説得させることは難しい。そこで、本やタブレットで調べたり、インタビューをしたりしながら、自らの主張を明らかにし、理由や根拠を整理する時間を取る。情報が集まったら、意見文を書く活動に入る。「どのように書いたらよいのだろうか」という「問い」を基に、全体で、教科書のモデル文の分析を行う。第４学年で学んだ主張と根拠がセットになっていることに加え、新たに『予想される反論と反論に対する考え』が書かれていることを確認する。「反論を書く必要があるのか」という「問い」について話し合うことで、「よいことばかり書かれても、本当にそうかなと思う。でも、反対意見に対する考えがあれば、確かにそうだなと思える」等、譲歩することで説得力が高まることを全体で確認する。次に、共有した観点を教室に掲示し、タブレットを用いて意見文を書いていく。

　意見文を書き終えると「相手を説得できる意見文になっているかな」という新たな「問い」が生まれるだろう。そこで、ペアやグループで読み合う時間を設定することで「多くの人が経験あることを先に書いた方が共感してもらえそうだよ」「こっちのデータを根拠にした方が、より納得できそうじゃない」「こんな反論もあるかも」等、共有した観点を基に互いに助言し合いながら、付加修正を繰り返し、再度意見文を書き直すことで、説得力を高めていく。

ポイント！「問い」の解決法　教科書のモデル文を提示し、必要な観点を共有する。また、書いた意見文を互いに評価する場を設定し、説得力をもたせるための根拠、予想される反論について付加修正できるようにする。

事例と意見の関係をおさえて読み、考えたことを伝え合おう

想像力のスイッチを入れよう

領域：読むこと
教材収載：光村図書

［田中　充］

1 教材の分析と予想される「問い」

本教材は、メディアから発信される情報に対して思い込みを減らすための必要な努力について、身近な事例を基に意見を述べながら、主張を展開する双括型の文章である。児童には、事例と意見の関係を捉えさせながら、自身のメディアとの関わり方についても考えさせていきたい。

指導にあたっては、事実と印象が混じった新聞記事を提示し、感想を出し合うことで、どのようにメディアと関わっていけばよいのかという「問い」をもたせる。そこで、メディアとの関わり方に関する参考として「想像力のスイッチを入れよう」を読み、「分かりやすさ」と「納得度」を直感的に評価（数値化）し、交流することで「この文章は、なぜ分かりやすく、納得した人が多いのか」という「問い」をもって読み進めることができるようにする。その際、児童は筆者が提示する事例や意見が書かれた叙述に着目し、自己の経験とつなげて考え、「分かりやすさ」や意見に対する「納得度」を交流していく。その後、考えの形成として、いくつかの記事の内容（児童が用意したものや教師が用意したもの）を例として挙げながら、今後メディアとどう付き合っていくか自己の考えをつくる場を設定する。

2 単元の概要：単元計画（全6時間）

［第一次］

①メディアとの関わり方に対する「問い」をもつ。

［第二次］

②文章の内容や構成を確かめ、内容の大体を捉える。

③「分かりやすさ」の視点から事実と意見の関係を捉える。

④自己の経験とつなげながら「納得度」の理由を交流する。

［第三次］

⑤⑥いくつかの記事を例にメディアとの関わり方の考えをつくり、交流して学習をふり返る。

3 単元の展開

①導入（第一次）

第1時では、事実と印象が混じった記事を提示し、感想を交流する。記事に疑問を感じた児童の発言を取り上げることでメディアとの関わり方の「問い」をもたせる。次に、メディアについて書かれた本教材を紹介し、「分かりやすさ」と「納得度」を直感的に評価させ交流することで、「なぜ分かりやすいと感じる人が多いのか」「どうしてそれぞれ評価が異なるのか」等の「問い」を基に読み進める。

ポイント！「問い」のもたせ方　事実と印象が混じった記事を提示することで、メディアへの関心を高め、メディアとどう関わるかという「問い」をもたせるようにする。

②展開（第二次）

第2・3時では、読み方・書き方に生かすために、「分かりやすさ」について話し合う。児童の多くはその理由として、「事例が多いから」と答えるだろう。そこで、「事例があると、なぜ分かりやすいのか」について問いかける。そして、既習事項を生かして筆者の主張はどこに書かれているか、どのような事例が挙げられているかを確認し、それぞれの事例は「何を伝えるためにあるのか」という「問い」をもたせる。その際、マラソン大会と図形の事例は「はじめ」、サッカー監督の事例は「中」にあることを確認し、筆者の意図に迫らせたい。また話合いは、「もしなかったら（仮定）」、「違う事例だったら（置換）」等の視点をもたせ、筆者が述べている事例の効果から「分かりやすさ」を再評価させるようにする。

第4時では、メディアとの関わり方を考えさせるために、「納得度」について話し合う。授業では、自己の経験とつなげて筆者の意見について話し合う場を設定する。「筆者である下村さんが言っていることって本当にあるのかな」と問うことで、「まだ分からないよねと考える習慣を付けよう」と意見の妥当性について考えた児童は、メディアや学校生活での決めつけや思い込み等、自己の経験を語りながら、筆者の意見を評価するだろう。このように個々の経験を交流させた後で、筆者の意見に対する「納得度」を再評価させるようにする。

ポイント！「問い」の解決法　事例と意見の関係について、なぜその事例がその意見へとつながるのか、解釈を交流させる。また、筆者の意見の妥当性を問い、自己の経験とつなげながら読ませるようにする。

③まとめ（第三次）

いくつかの新聞記事の内容を例に、今後のメディアとの関わり方に対する考えをつくり、全体で交流する。

すぐれた表現に着目して読み、物語のみりょくをまとめよう

大造じいさんとガン

領域：読むこと
教材収載：光村図書

［田中　充］

1 教材の分析と予想される「問い」

本教材は、大造じいさんの人柄や毎年の戦いを通して変化する残雪への見方、残雪の頭領としての行動や様子、豊かな情景描写等、様々な魅力を読者に感じさせる。そのような物語の魅力をまとめるためには、人物の心情の変化や表現の仕方に着目しながら読み深める必要がある。そこで、次のような「問い」を生成する視点を提示し、短冊シートに「問い」を書かせる。

○人物の言動に関する問い（〜した・言ったのはなぜか）
○人物の変化に関する問い（はじめ〜だったのになぜか）
○表現や構成に関する問い（〜とは何を表しているのか）

黒板上でウナギ釣り針作戦・タニシばらまき作戦での「問い」、おとり作戦での「問い」、残雪を見送る場面での「問い」の三つに分類する。そして児童が解決したい「問い」を一つずつ選択させ、考えを交流することを通して、作戦を重ねるごとに変化していく大造じいさんの残雪に対する思いや見方の変化を捉えていくようにする。

2 単元の概要：単元計画（全12時間）

［第一次］

①本文を読み、作品の魅力を語り合うという目的をもつ。
②物語の設定や登場人物を確認し、大まかな内容をつかむ。
③「問い」を生成し、自分が考えたい「問い」を選択する。

［第二次］

④選択した「問い」について自分の考えをつくる。
⑤⑥ウナギ釣り針・タニシばらまき作戦での似た「問い」を選択したグループで話し合う。その後全体で話し合う。
⑦⑧おとり作戦での似た「問い」を選択したグループで話し合う。その後、全体で話し合う。
⑨⑩残雪を見送る場面での似た「問い」を選択したグループで話し合う。その後、全体で話し合う。

［第三次］

⑪自分が感じた作品の魅力を書きまとめる。

⑫自分がまとめた作品の魅力を交流した後、読みを深めるきっかけになった「問い」についてふり返る。

3 単元の展開（第8時）

①導入

前時までに児童は、似た「問い」のグループで「なぜ銃を下ろしたのか」「なぜただの鳥に対しているような気がしなかったのか」等の大造じいさんの言動・変化に関する「問い」や情景描写に関する「問い」について話し合っている。導入では、それらの「問い」を確認し、めあてをつかむ。

ポイント!「問い」のもたせ方　第6時までに話し合った大造じいさんの残雪への見方の変化を確かめ、本時のおとり作戦での変化を予想させたり、各グループの「問い」を全体に提示して、そのつながりを考えさせたりする。

②展開

全体交流では、一つのグループが自分たちの「問い」と考えを全体に問いかけ、他の児童から意見をもらう形で進める。例えば、「なぜ大造じいさんは銃を下ろしたのか」について話し合ったグループが自分たちの考えを問いかけることで、情景描写の「羽が、白い花弁のように、すんだ空に飛び散りました」について考えたグループからは、自分たちが話し合った解釈を基に、「残雪が仲間のために命をかけて戦っていたから」のような発言が出されるだろう。教師からも「なぜ仲間を救おうとしている残雪をねらわないのか」を全体に問いかけることで、次時以降の場面の「ひきょうなやり方」とつなげて発言する児童も出てくる。最初に全体に問いかけたグループには、みんなの意見を聞いて考えたこと等を発言させるようにする。

また、「なぜただの鳥に対しているような気がしなかったのか」という「問い」について話し合ったグループからの問いかけにより、全体で残雪のどのような行動や様子がそう思わせたのかについて話し合いたい。その中で、「むねの辺りをくれないにそめて」「第二のおそろしいてき」等、死を覚悟しなければならない残雪の状況や頭領としての威厳を守ろうとする残雪の姿の描写について考えたグループに発言を求めるようにする。

ポイント!「問い」の解決法　前時までの各グループの「問い」や考え等を教師が把握しておき、本時で児童の発言をつなげていくようにする。そして、出された意見を黒板上で整理しながら、大造じいさんの残雪に対する見方の変化を視覚的に捉えやすくする。話し合った後で、自分が選択した「問い」に対する考えをまとめさせる。

天気を予想する

説明の仕方の工夫を見つけ話し合い、これまでの読み方を活用して評価しながら読もう

領域：読むこと
教材収載：光村図書（令和二年度版）

［田中　充］

❶ 教材の分析と予想される「問い」

本教材は、筆者の主張に向けて、三つの問いの文で論が展開する、児童にとっては初めて出会う構成の説明的文章である。また、表やグラフ、数値を用いて論に説得力をもたせる説明の工夫が見られる。本教材を用いて、6年生に向けて、これまでの読み方を活用した読み（「問い」）の観点を基に主体的に読み深められるようにする特設の単元を設定する。単元では、これまでのように「分かりやすさ」と「納得度」を直感的に評価（数値化）させ、交流することで、「なぜこの文章は分かりやすく、納得した人が多いのか」という「問い」をもたせる（付録教材で本文中に示されている資料が厳選されているため、分かりづらいと感じた児童がいた場合には、なぜそれぞれ評価が異なるのか等の「問い」を基に読み進めるようにする）。そして、それぞれの評価の根拠や理由について、読み（「問い」）の観点を基に考えをつくらせ、話し合っていく。また、「もしこの資料が無かったら」「違う資料だったら」等、仮定や置換の読み方を用いて、資料と文章を照らし合わせながら、その効果も考えることができるようにする。

❷ 単元の概要：単元計画（全5時間）

［第一次］

①「分かりやすさ」と「納得度」で評価し、「問い」をもつ。

［第二次］

②読み（「問い」）の観点を基に個人で考えをつくる。
③観点❶～❸について話し合い、評価を見直す。
④観点❹～❻について話し合い、評価を見直す。

［第三次］

⑤最終的な評価と理由を交流し、読み（「問い」）の観点についてふり返る。

3 単元の展開（第1～4時）

①導入（第1時）

題名読みの後、本文を読み、「分かりやすさ」や「納得度」を直感的に評価（数値化）し、交流する。児童は評価の違いから「なぜ分かりやすいのか（なぜ分かりづらいのか）」等の「問い」をもつだろう。そこで、教師からどのような点で評価していけばよいのかを問い、これまでの説明文の学習をふり返りながら、読み（「問い」）の観点を確認する。本単元では、❶文章構成❷事例の内容❸問いと答え❹図表❺事例と事例❻主張と事例の六観点とし（26－28頁参照）、これらの観点から各自で評価を見直していくことを確認する。

ポイント！「問い」のもたせ方　直感的に数値で評価させて交流し、違いを明らかにする。その理由を考えていくための観点として、これまでの学習をふり返り、読み（「問い」）の観点を共有する。

②展開（第2～4時）

選択した読み（「問い」）の観点を基に、自分が感じた「分かりやすさ」や「納得度」の根拠や理由を考える。必要に応じて、選択した観点ごとに話し合ってもよい。その際、迷ったこと等があれば、全体交流でみんなに問いかけるように促す。

まず観点❶～❸について話し合う。観点❶について考えた児童から発言させることで、「はじめ」があるのか、観点❸の問いと答えの関係はどのようになっているのかが話題となるとともに、観点❷にも関わって、事例がいくつあるのか、どのような内容なのかが明らかとなっていく。話し合ったことを基に、各自の「分かりやすさ」と「納得度」を見直す。次に観点❹～❻について話し合う。観点❹では、「もし無かったら（仮定）」「もし違う資料だったら（置換）」等の視点や他の箇所に写真や図表は必要ないかという視点から図表の必要性について考えるように促す。観点❺については、三つの問いの文のつながりや突発的・局地的な天気の変化に対して、その予想のためにできることが書かれている箇所との対応が話題となるだろう。そして、観点❻については、筆者の主張を確認し、主張に向けたそれぞれの事例の必要性が問題となる。話し合ったことを基に、再度、各自の「分かりやすさ」と「納得度」を見直す。

ポイント！「問い」の解決法　読み（「問い」）の観点を基に話し合い、全体で文章を読んでいくことで、児童は、読み（「問い」）の観点を基にした読み方や文章の評価に関する考え方について理解し、活用できるようになる。

第６学年の指導ポイント

「文章の構成・表現」に着目し、「抽象化する」「多面的・多角的に見る」思考を働かせる

［橋爪　克］

1 第６学年の教材の特徴と重点

第６学年では、「読むこと」の教材では「海のいのち」「イースター島にはなぜ森林がないのか」、「書くこと」の教材では意見文を書く活動があります。これらの教材を通して「人物像や物語の全体像」や「表現の効果」、「論の進め方」、「事実と感想、意見との区別」等を指導していきます。これらの指導事項から、第６学年では、「文章の構成・表現」に着目し、「抽象化する」「多面的・多角的に見る」といった統合的、診断的な思考を働かせることが重要だといえます。このような着眼や思考を働かせるためには、「俯瞰する」「仮定する」「意味付ける」といった思考が必要となります。そのため、６年生では次のような「問い」を生成できるようにします。

○俯瞰する（情報をどう読んでいるかを考える）

・この表現は読み手にどんな印象をもたせるだろう。

・この構成にすることで、どんな効果があるのだろう。

○仮定する（情報を仮定して推論する）

・もし○○がなかったらどうか。

・もし○○だったらどうか。

○意味付ける（情報と自分の感じ方や生き方とをつなげる）

・自分にとってこの学習はどんな意味があるのだろうか。

・自分がこの文章から強く感じることは何だろうか。

2 問える子にするための日常的な取組

(1)「『問い』のふり返り」を対話通信で広める

問える子にするためには、児童自ら問う経験をし、問うて学ぶことの価値を実感することが大切です。そこで、ふり返りで児童が「この『問い』がよかった」と感じた感想を通信の形で共有するとよいでしょう。グループや全体で出された「問い」を付箋や短冊などに書かせて残しておくことがポイントです。それらを見ながら単元末に学習をふ

り返ることで、児童が考えを広げたり深めたりする手がかりとなった「問い」を意識できます。また、対話後に「○○の『問い』がよかった理由は…」と児童に記録させ、それらを通信等で共有するようにします。

⑵年間を通して更新する対話の極意の作成

6年生の児童は、これまで対話の経験を積み重ねてきています。学級開きの際、5年生までの既習経験を想起させ、6年○組の対話の極意として、対話場面における指針を児童とともに作成するようにします。作成する際は、対話を「話す」「聞く」「進める」の三つの要素に分け、それぞれコツを整理していきます。特に重要なのは「進める」の要素です。自分の考えを伝えるだけに終わった話合いと、みんなで問い合いながら考えを練り上げることができた話合いの経験を比較させ、「質問する」「意見をつなげる」「まとめる」「言いかえる」のようなキーワードを引き出したいところです。また、最初につくった対話の極意は一年間をかけて更新していくことを児童と確認します。

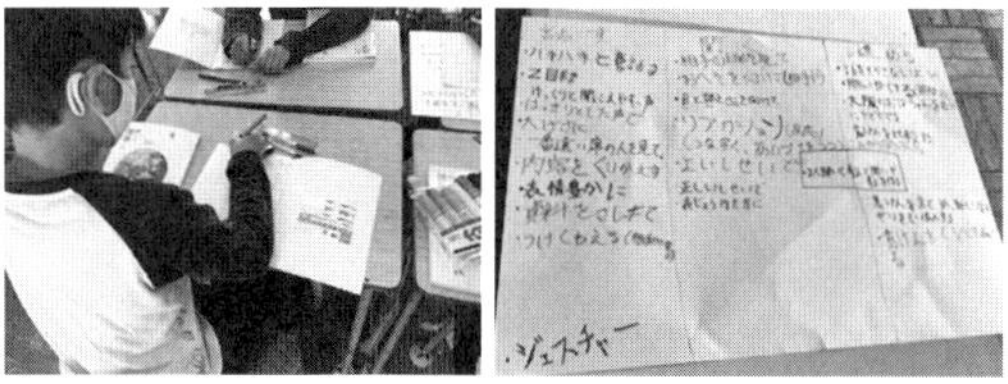
年度初めに子どもとともに作成した対話の極意とその様子

子どもの「問い」から教師も学ぶ

物語文「海のいのち」（東京書籍）の学習で、花が大好きな児童が「最後に挿絵で描かれた花の意味は？」という「問い」を立てました。伊勢英子さんが挿絵を描くために二年かけたことを知った私は、そのまま「問い」を追究することを促してみました。その子は図書室から借りてきた図鑑とにらめっこした後、挿絵の花が「ハマヒルガオ」であることを突き止め、その花言葉が「絆」であることを興奮しながら伝えてくれました。その後、彼は「問い」を「この物語で描かれている絆やつながりとは何か」と発展させ、「与吉じいさや父から太一が生き方を学んだように人間の思いのつながりのこと」「海ではすべてのいのちがつながり合っていること」が描かれていると書きまとめることができました。

私は、自分の興味から生まれた「問い」を手がかりに、物語の主題について考えることができたその子の姿に感動しました。このように「問い」の授業では、教師の想定を超える「問い」や「考え」が出されることがあります。探究の学習では、子どもそれぞれがもつ「問い」や考えを教師がおもしろがり、共に考える姿勢が大切になるのではないでしょうか。自ら学ぶ子どもたちとともに、一緒に頭を働かせる教師の姿こそ「子どもの主体的な学びを支える伴走者」としての在り方ではないかと考えています。

6年○組の対話の極意をつくろう

たずね合って考えよう

領域：話すこと・聞くこと
教材収載：東京書籍

[橋爪　克]

1 教材の分析と予想される「問い」

本教材では、一年間の学習に向けて対話の練習を行う。

本文では「何のために国語を勉強するのだろう」という話題について尋ね合って考えを形成していく対話の例が示されており、どのようにしたら上手に対話が続けられるか考えることを促している。6年生の児童は、対話の経験をたくさん積んできている。しかし、一つの話題について共感的に話を聞くだけで、その話題について話を続けたり、発展させたりすることができないことも多い。そこで、「6年○組の対話の極意をつくろう」という活動目標を設定することで、「そもそも対話とは何か」という最初の「問い」が生成されると考える。そして、既習をふり返りながら対話の意味を共通理解することで、「対話を成立させて、気持ちよく続けるにはどうしたらよいのだろう」という自分たちの対話の改善へと「問い」が更新されていくだろう。

2 単元の概要：単元計画（全3時間）

本単元では、「対話の極意」を作成することを目標にし、既習をふり返らせる。そこで、対話の意味や方法についての「問い」をもたせる。次に、教科書の対話のモデルについて話し合い、実際に小集団で確かめながら、よりよい対話の仕方について考え、「対話の極意」に付加させていく。

【第一次】

①既習をふり返り、「6年○組の対話の極意」を作成し、対話そのものに関する「問い」を出し合う。

【第二次】

②「問い」を基に教科書のモデルのよさを考え、「対話の極意」に入れるコツの案をつくる。

【第三次】

③考えた案に対して、その案でよいか、自分たちができるかどうかについて実際に小集団で対話して確かめる。

3 単元の展開

①導入（第一次）

「問い」をもたせるために、既習をふり返る活動を位置付け、対話することの意義や価値について話し合わせる（対話とは「目的や意味を共有して話すこと」という言葉の意味を教える）。そして、一年間更新していく「6年○組の対話の極意をつくろう」という活動目標を設定し、話し方や聞き方等の視点から既習を分類・整理して、「対話の極意」を仮作成する。児童に「自分たちはできているか」と揺さぶることで、「どうしたら上手に対話ができるのか」等の対話の仕方に対する個別の「問い」をもたせる。

ポイント！「問い」のもたせ方　対話することの意義や価値を感じさせ、「対話の極意」をつくるという活動目標を設定することで、現在の自分たちの対話の技能に目を向けさせるとともに、よりよく対話するための方法についての「問い」を引き出すようにする。

②展開（第二次）

教科書の対話モデルについて「尋ね合って考えを形成する」という視点から対話がうまくできている要因について話し合わせる。まず、モデルのよさについて自由に意見を出させ、その後、出された意見を、「話す」「聞く」「進める」の視点で分類・整理する（表1）。この表を「対話の極意」に追加するコツの案とする。最後に、教師から「本当にこのコツでよいか」、「自分たちはできるのか」を児童に投げかけ、次回実際に確かめることを確認する。

話す	聞く	進める
・知識や経験を基に話す ・気付いたことは伝える ・具体例を挙げる	・相手の考えを受け入れる ・あいづちをうつ ・自分の考えと比べながら聞く	・質問する ・まとめる

表1

ポイント！「問い」の解決法①　モデルのよさや既習経験を「話す」「聞く」「進める」の三つの視点で分類・整理することで、子どもが対話のコツを具体的に意識することができる。

③まとめ（第三次）

追加するコツの案を参考に、ニュース等の話題について三人程度の小集団で対話をする。タブレットで対話を撮影し、撮影した動画を見ながら、「本当にこのコツでよいか」、「上手に対話できているかどうか」について分析させる。最後に全体で「対話の極意」に追加するコツを決定する。

ポイント！「問い」の解決法②　児童が考えたコツを入れた評価表を作成し、三人のうちの一人が評価者として二人の対話を評価させると、さらにコツが意識される。

論の進め方を工夫して、防災に関する提案書を作ろう

いざというときのために

領域：書くこと
教材収載：東京書籍

［宮原佳太］

1 教材の分析と予想される「問い」

本教材では、自然災害に備え、身近な相手に向けて、必要な防災の取組を提案書にまとめる、という活動が設定されている。本単元で例示されている提案書では、原因と結果を明確にしたり、事実を関係付けたりすることで提案に説得力をもたせている。本単元においては、このように、論の進め方の工夫として事実と意見を区別しながら文章を書く力を身に付けさせたい。そのため、まずは、地域で想定される自然災害へ備えること、それらの情報を相手に発信することの必要性を十分に感じさせる。次に、教科書のモデルを分析させることで、「私が伝えたい相手だったら、どのような内容にすればよいか」という最初の「問い」が生成されると考えられる。その後は、情報の収集と整理、構成、文章の推敲と展開していく。中間評価の活動を設定することで、「相手に必要なのは、本当にこの情報か」、「説得力を増すには、どのような論の進め方にすればよいか」といった、自身の具体的な課題に関する「問い」へ更新されていくと考える。

2 単元の概要：単元計画（全5時間）

「私が水害について家族に伝えるなら、どのような情報を伝えたらよいか」という「問い」から提案書作りの活動を展開し、中間評価を行うことで、「説得力を増すには、どのような論の展開にすればよいか」等、「問い」を具体的な方向へ更新させていく。

①自分たちが住む地域の自然災害への備えの必要性について知り、提案書作成に関する「問い」をもつ。
②防災についての情報を調べ、整理する。
③構成メモを書く。
④構成メモを見直し、提案書にまとめる。
⑤提案書を読み合って感想を伝え合い、学習をふり返る。

3 単元の展開

①導入（第1時）

第1時では、まず、防災そのものや情報発信の必要性を十分に感じさせる。本校は河口や海岸に隣接しており、ハザードマップでは道路冠水被害の記録や洪水浸水想定区域も確認できる。このことを確認した上で、教師が冠水・浸水時の危険性や浸水対策についての資料を提示する。そして、児童に家族が水害に対する備えをしているかを問い、情報発信をする必要性を感じさせる。次に、学習のゴールとなる提案書のイメージをもたせる。教科書の地震災害への備えについて書かれたモデルを拡大提示し、そのよさを分析させる。「事実と意見」といった論の進め方の具体を確認することで、「私が水害について家族に伝えるなら、どのような情報（事実）を伝えたらよいだろうか」という最初の「問い」をもたせることができると考える。

ポイント！「問い」のもたせ方　地域の実態に応じた目的や相手を設定することで切実感をもたせ、教科書のモデルを提示することで、「自分だったら…」という「問い」に向かうと考える。事実を示さないモデルも提示して比較させることで、論の進め方による説得力の違いを意識させることができる。

②展開（第2～4時）

第2時では、水害対策について調べる時間を設定し、複数の資料から具体的な自分の提案を考える活動を設定する。

第3時では、構成メモを書かせる。その際、事実と意見を色の違う付箋に書いて組み立てを考えさせることで、事実と意見を明確に区別させる。

第4時では、第1時で分析した論の進め方のポイントを基に、構成メモの説得力を自己評価させることで、「説得力を増すには、どのような論の進め方にすればよいか」という新たな「問い」をもたせ、構成メモを見直す活動を設定する。その後、見直した構成メモについて友達に説明する場を設定し、論の進め方のポイントを基に交流させることで、さらなる改善を図りながら提案書にまとめていく。

ポイント！「問い」の解決法　自己評価や他者評価の場を設定することで、「家族に必要なのは、この情報で十分か」、「説得力を増すには、どのような論の進め方にすればよいか」といった新たな「問い」へと更新させていく。

③終末（第5時）

第5時では、提案書を読んだ家族からの評価を基に、論の進め方の工夫についてふり返る活動を設定する。

風切るつばさ

「問い」を使って、人物どうしの関係を読もう

領域：読むこと
教材収載：東京書籍

［宮原佳太］

1 教材の分析と予想される「問い」

本教材では、中心人物である「クルル」が、「群れの仲間」から排除され、対人物である友人の「カララ」によって、希望を取り戻す姿が描かれている。三者（場面によっては二者）の関係によって、「クルル」と「カララ」の心情は大きく変容していくことになる。本教材を通し、描写から人物同士の関係や互いに対する心情、その変化を読み取る力を身に付けさせたい。

そこで、自由に「問い」を出させ、選択した「問い」に関わる人物でグルーピングを行い、それぞれの立場で読み取った心情から、変化の要因となった人物の関係を考える活動を設定する。児童からは、「群れの仲間は、なぜクルルを『仲間殺しの犯人』のように扱ったのか」「クルルは、なぜ飛べなくなったのか」「カララは、なぜ『じっととなりに』いたのか」といった「問い」が出されるだろう。

「クルル」「カララ」「群れの仲間」のそれぞれの立場から心情を想像し、話し合うことで、「群れの仲間やカララの行動がクルルにどのような影響を与えたのか」、「それぞれがどのように行動すべきだったのか」といった「問い」へと更新していく。6年生になると、人間関係に悩むことが多くなってくる。それぞれの場面で、「自分だったら…」と、自分に向かう「問い」にもつなげさせていきたい。

2 単元の概要：単元計画（全9時間）

①初発の感想を書き、物語の構成や山場の知識を基に、みんなで話し合いたい場面について話し合う。
②話し合いたい場面の「問い」をつくる。
③～⑧選択した「問い」の人物ごとにグループで話し合い、それぞれの立場から読み取った心情を全体で話し合う。
⑨「自分だったら…」という視点から、読み取ってきた心情を基に、自分の考えをまとめさせる。

3 単元の展開（第3・4時）

本単元では、児童の「問い」を取り上げながら、話し合う場面を三者の関係によってクルルが孤立を深めた第二場面、カララの行動の変容が描かれている第四場面、クルルの変容が描かれている第五場面にすることを確認する。

①導入（第3時）

児童は、前時までに話し合いたい場面を決定し、それらの場面における「問い」を自由につくっている。そこで、本時の導入では、第二場面における「問い」のリストを人物別に提示し、自分が解決したいものを選択させる。

ポイント！「問い」のもたせ方

それぞれの人物に関する「問い」を分類・整理したリストを提示して共有し、自分で選択させることで、曖昧な疑問しかもてていなかった児童も明確な「問い」をもって追究することができる。

②展開前半（第3時）

選択した「問い」に関わる人物でグループをつくり、まずは「問い」に対する自分の考えをつくる。その後、グループでの話合いを通して、考えの見直しを行う。

③展開後半（第4時）

それぞれの立場で読み取った心情を基に、変化の要因となった人物の関係について全体で話し合う。「クルルは、なぜ飛べなくなったのか」という「問い」を中心に、「群れの仲間は、なぜクルルを『仲間殺しの犯人』のように扱ったのか」「カララは、なぜ『だまってみんなの中に交じって』いたのか」等の「問い」について各グループの考えを発表させる。教師は、各グループが話し合ってきたことを関係付けたり、児童からの質問を促したりする。また、黒板上で三者の関係を図に表して視覚化していく。そうすることで、群れの仲間やカララの言動によって飛べなくなったクルルの心情だけでなく、集団で一人を攻撃する心理や二者の間で葛藤するカララの心情について捉えやすくする。その中で、「それぞれがどのように行動すべきだったのか」や「もし自分が同じ状況に置かれたら」について児童から出されなければ、教師から問いかけてもよい。

ポイント！「問い」の解決法

「クルルは、なぜ飛べなくなったのか」という「問い」を中心に、教師が、「今の考えに関わって、他のグループからの考えはありますか」と促したり、「…について、他の人物はどう思っていたの」と問いかけたりしながら、グループの考えや人物の関係をつなげていくようにする。

④まとめ（第4時）

話合いによって深まった「問い」に対する自分の考えを再度まとめさせ、次時の「問い」を選択させる。

説得の工夫を読み取り、ICTで議論をしてみよう

インターネットの投稿を読み比べよう

領域：読むこと
教材収載：東京書籍

［橋爪　克］

1 教材の分析と予想される「問い」

本教材は、インターネットの投稿を読み比べて、それぞれの説得の工夫を考えることを通して、児童が身近なインターネット上での議論にこれからどのように付き合っていくのかについて考えることができる教材である。

これまで児童は、複数の意見の説得の工夫を読み比べるという学習経験はない。そこで、まずそれぞれの投稿を読み、自分がどの投稿に納得したか考え、他者と意見を交流する。その中で児童は、同じ投稿に多くの人が納得する（しない）のはなぜか、他の人が違う投稿に納得するのはなぜかを疑問に感じ、「読み手が納得する（しない）要素は何だろう」という素朴な最初の「問い」が生成されると考える。そして、「読んだ人を納得させる工夫を探り、自分たちでも議論してみよう」という活動目標を設定する。読み手を納得させる工夫と効果について話し合うことによって、自分が発信する際に、「見つけた説得の工夫の何を使えば、自分の意見にみんなが納得してくれるだろうか」という「問い」へと更新されていくと考える。

2 単元の概要：単元計画（全7時間）

【第一次】

①本文の投稿を読み、納得したものを交流し、「自分が納得した要素は何だろう」という「問い」をもつ。

【第二次】

②～④自分が納得した投稿や納得できなかった投稿についてその理由を考え、説得の工夫を読み取る。

⑤⑥スポーツとの関わり方について自分の意見をつくり、級友とGoogleドキュメントの共同編集機能をインターネットの掲示板と見立てて議論する。

【第三次】

⑦本単元で学んだ内容や「問い」についてふり返る。

3 単元の展開（第1～4時）

①導入（第1時）

第1時では、まずインターネットで議論をしている例を児童に閲覧させて感想を交流させ、「身近なインターネットの議論とどう付き合っていくべきか」という大きな目的意識をもたせる。そして、本文を読み、自分が最も納得できる投稿を選ぶ活動を仕組む。全員が選んだ結果をタブレットで視覚化し、他者との考えのずれや多くの人が同じ投稿に納得していること等を感じさせ、「どんな要素があって自分（友達）はこの投稿に納得したのか／納得できないのか」という「問い」を引き出す。そして「読んだ人を納得させる工夫を探り、自分たちでも議論してみよう」という活動目標を設定し、学習計画を立てる。

ポイント!「問い」のもたせ方　Google フォームを活用して、友達がどの投稿に納得したかタブレット上で可視化することで、全体の傾向や友達との違いを感じさせることができる。

②展開（第2～4時）

第2時では、まずこれまでの説明的文章の学習をふり返り、説得の工夫を想起させる。そして、教材文を読み、そこに挙げられている意見について、「どのような説得の工夫をしているか」、「もし、その工夫がなかったら」、「その工夫のよさは」、「どのような要素があったから納得できないのか」等の視点を提示し、自分が納得した意見の工夫や納得できなかった意見の要素について自分一人で考える。

第3時では、自由に他者と交流する。前時にそれぞれがまとめた考えから、誰がどの投稿に対してどの程度納得しているのかを教師が事前にタブレット上に可視化しておく。可視化されたそれぞれの納得度を見て、自由に話し合う相手を選ばせる。互いに「どのような説得の工夫があったから納得できたのか」、「その工夫のよさは」、「どのような要素があったから納得できなかったのか」等の視点から交流させるようにする。

第4時では、それぞれが見つけた説得の工夫のよさについて全体で交流し、説得の工夫やその効果、納得できない要素についてまとめていく。全体で共有したポイントは、次時からの活動に生かせるように掲示等しておく。

ポイント!「問い」の解決法　自己・小集団・全体での対話を仕組む。それぞれに一単位時間を設けることで、児童が考えを練り上げられるようにする。小集団の話合いでは、事前に教師がそれぞれの納得度を可視化しておくことで、児童が意図をもって、話し合う相手を選べるようにする。

表現を工夫して俳句をつくり
6年○組句会を開こう

心の動きを俳句で表そう

領域：書くこと
教材収載：東京書籍

[橋爪　克]

1 教材の分析と予想される「問い」

本教材では、5年「心の動きを短歌で表そう」に続き、自分が感じたことを俳句の形式に合わせ、表現を工夫して表すことで、語感や言葉の使い方への感覚を高め、俳句をつくったり味わったりすることのおもしろさを感じさせる。

まず、短歌をつくった学習を想起し、短歌と比較しながら、俳句の形式（五・七・五の十七音、季語を入れる等）を確認する。小学生俳句大会の優秀作品を何も説明せずに提示し、一番よいと思う句とその理由について交流することで、短い言葉で心の動きを表現する俳句のおもしろさを感じさせる。その後、同じ6年生の児童がつくった俳句であることを告げ、自分たちも負けないくらいの俳句をつくって句会を開こうと提案する。児童は、「自分なら季節のどのような様子を俳句で表現するか」という「問い」を生成するだろう。そして、校内で吟行を行って俳句にする材料を集めた後で、「俳句をつくるには、どのような表現の工夫をすればよいか」「自分の俳句をよりよくするためにはどうすればよいか」のように「問い」を更新しながら、モデルとなる作品を基に表現の工夫のポイントを分析したり、友達と話し合って推敲したりしていく。

2 単元の概要：単元計画（全3時間）

[第一次]

①優秀作品を鑑賞した後で、「自分なら季節のどのような様子を俳句で表現するか」という「問い」をもち、吟行を行う。

[第二次]

②工夫するポイントをまとめ、それを評価の視点にして自分が表現したい内容を俳句にしたり推敲したりする。

[第三次]

③句会を開き、相互評価する。

3 単元の展開

①導入（第一次）

まず、俳句の学習を行っていくことを確認し、5年生での短歌の学習と比較しながら、俳句の「五・七・五の十七音が基本」「季語を入れる」等のルールを確認する。

そして、「どの俳句が好きですか」と投げかけながら、小学生俳句大会の優秀作品を提示する。それぞれ自分が選んだ句とその理由（表現の工夫等）を交流した後で、同じ6年生児童がつくった俳句であることを告げ、自分たちも俳句づくりにチャレンジしてみようと提案し、「6年○組句会を開こう」という活動目標を設定する。

次に、「自分なら季節のどのような様子を俳句で表現するか」という「問い」から、校内で吟行を行ったり、教師が設置した写真コーナーで九月までの半年間の出来事をふり返ったりして、自分が俳句で表現したい材料を集めさせる（家庭学習でも集めさせてもよい）。

ポイント！「問い」のもたせ方　提示した俳句の表現の工夫等のよさについて交流した後で、同じ6年生児童がつくった俳句であることを告げることで、「自分にもできそうだ」という期待感や「つくってみたい」という意欲を高め、「自分だったら何を表現しようか」という「問い」をもつことができる。材料を集める際は、「花火が終わるときのさみしい様子を表現したい」のように、表現したい思いを「どんな場面の」「どのような思い」のレベルまで具体化することを指導する。

②展開（第二次）

教師は、NHK for Schoolや図書室の俳句の本を使って「季語のことを詠む『一物したて』」「季語と季語とは関係のない言葉とをあわせる『取り合わせ』」等の「つくり方のコツ」を説明したり、第1時の交流で出された「語順を入れ替える」「省略する」「擬人法を使う」等の「表現のコツ」を全体で確認したりする。児童は、「つくり方のコツ」「表現のコツ」を基に、集めた材料を俳句にしたり、つくった俳句を友達と相談しながら推敲したりする。

ポイント！「問い」の解決法①　全体で「つくり方のコツ」「表現のコツ」を確認した後で活動することで、つくり方や表現の工夫を意識しながら創作することができる。

③まとめ（第三次）

句会を開き、「つくり方のコツ」「表現のコツ」を参考に相互評価を行う。

ポイント！「問い」の解決法②　「つくり方のコツ」「表現のコツ」を評価の観点とし、相互評価を位置付けることで、それぞれの俳句のよさを共有できるようにする。

異なる立場からの考えを生かして互いの考えを深め、話合いをレベルアップさせよう

話し合って考えを深めよう

領域：話すこと・聞くこと
教材収載：東京書籍

［橋爪　克］

1 教材の分析と予想される「問い」

この時期の児童は、異なる立場に立って話し合う際、反論し合うだけの話合いになってしまう傾向がある。そこで、互いの考えを深めるために、異なる立場からの意見の述べ方や聞き方、相手の考えを詳しく知るための質問の仕方、出された意見の分類・整理の仕方等を学習する。

最初に、これまでの話合いをふり返り、試しの活動を行う等して反論し合うだけの現状を確認することで、「どのように話し合えば反論し合うだけで終わらず、異なる立場からの考えを生かし、互いの考えを深めることができるか」という単元を通して考える「問い」が生成される。また、教科書の話合いを分析し、評価の観点を作成した後に、実際に班で話合いを行って児童同士で相互評価することにより、「何ができて、何ができていないのか」と、それぞれの班の課題に応じた「問い」へ更新されていく。

2 単元の概要：単元計画（全5時間）

［第一次］

①試しの活動での課題から、異なる立場からの考えを生かして考えを深める話し合い方について「問い」をもつ。

［第二次］

②「問い」を基に教科書のモデルを分析し、「話す」「聞く」「質問する」「整理する」の四つの視点からコツを整理し、自分たちの話合いを評価するときの観点をもつ。

［第三次］

③④実際に話合いを行い、バディ班と相互評価をすることで、「自分たちは何ができて何ができていないのか？」とグループの話合いの改善に向けた「問い」に更新する。

⑤テーマを変えて再度話し合い、相互評価したり、単元の初めの自分と比べたりして学習をふり返り、自己の成長の実感を促したり、学んだ言葉の力の一般化を図ったりする。

3 単元の展開

①導入（第一次）

既習をふり返り、試しの活動と教師が提示する課題のある例とを比較する等して、自分たちの話合いの課題について確認する。そうすることで、「どのように話し合えば反論し合うだけで終わらず、異なる立場を生かして考えを深めることができるか」、「自分たちの話合いをよりよくするためには」のような話合いの仕方や班の課題解決に向けた「問い」をもたせる。

ポイント！「問い」のもたせ方　試しの活動を動画撮影して見直したり、教師が提示した課題のある例のようなことはないかと問いかけたりして、自分たちの話合いの課題について自覚を促し、「問い」をもたせる。

②展開（第二次）

教科書のモデルについて「話す」「聞く」「質問する」「整理する」の四つの視点からよさを分析する活動を行う。児童は、次のようなコツを見つけることが予想される。

・話す…自分の立場をはっきり伝える。自分の経験やみんなのためになること等、説得力のある理由を述べる。

・聞く…理由や事例について納得できるか、矛盾はないか考えながら聞く。

・質問する…相手の考えの理由を詳しく知るために、考えの具体的な内容や矛盾している点を質問する。

・整理する…メリットとデメリットを表にまとめる。

ポイント！「問い」の解決法①　班で、それぞれの視点を分担して分析し、班ごとにコツをまとめる。それぞれの班がまとめたコツはＩＣＴを活用し、学級で考えを共有する。共有したコツの中から、それぞれの班の課題に応じて四つの視点ごとに一つずつ意識するポイントを決め、班の評価の観点シートを作成する。

③まとめ（第三次）

バディ班と話合いを相互評価する。「給食がいいか、弁当がいいか」等の身近な話題で話し合い、その際、自分たちのグループが作成した評価の観点シートをバディ班に渡して観察してもらい、対話終了後に、話合いの様子についてよかった点や課題を報告してもらう。話合いの話題を変えて、バディ班との相互評価を何度か繰り返した後で、自分たちの話合いの仕方の高まりについてふり返る。

ポイント！「問い」の解決法②　バディ班に評価してもらった後は、自分たちの話合いの課題について班で話し合う。達成できたところは、評価の観点シートの意識するポイントを別のコツに入れ替える等して、班での話し合い方の高まりを実感させる。

プラスチックごみ問題に関する複数の資料から自分の考えをつくって発表しよう

「永遠のごみ」プラスチック

領域：読むこと
教材収載：東京書籍

［橋爪　克］

1 教材の分析と予想される「問い」

本教材は、プラスチックとの付き合い方についての考えを述べた文章と関連する資料を比べて読むことを通して、複数の情報を関係付けて読み、考えを形成することを促す教材である。本単元で扱う三つの文章から情報を関係付けて考えを形成するためには、教材文で問題が残された箇所への解決策として資料の内容を関係付けるだけでなく、その解決方法によって新たに生じる問題についても考えさせる必要があるだろう。最終的には、独自に調べた情報とも関係付けて形成した自分の考えを発表させたい。

単元の導入では、全体でプラスチックごみ問題の重大性を確認した後、自分たちの考えた解決策の不十分さを感じさせ、「どのようにすればプラスチックごみ問題が解決できるのか」という「問い」の下、教師から複数の文章を読んで自分の考え（解決策）をつくって発表しようと促す。

活動の中で児童は、「教材文では、どのような問題、解決策、主張が説明されているのか」や「資料の情報は、教材文のどの問題を解決するのか」「その解決策で新たな問題は生じないのか」等の「問い」へと更新していく。

2 単元の概要：単元計画（全8時間）

【第一次】
①「どのようにすればプラスチックごみ問題が解決できるのか」という単元を通して考える「問い」をもつ。

【第二次】
②③教材文に書かれている問題や解決策、主張を読む。
④⑤教材文と資料の関係付け方を話し合い、考えをつくる。
⑥⑦自分で調べた情報と関係付けて考えをつくり直す。

【第三次】
⑧プラスチックごみ問題に対する自分の考えを発表し、単元の学習をふり返る。

3 単元の展開（第1～7時）

①導入（第1時）

児童にプラスチックごみ問題について知っていることを尋ね、関連する3分程度のニュース映像を提示する。その後、プラスチックごみ問題に対する今の自分なりの解決策を出し合い、「実現可能か」「新たな問題は生じないか」という点から話し合うことで、考えた解決策の不十分さを感じさせたい。「どのようにすればプラスチックごみ問題が解決できるのか」という「問い」をもたせた後で、教材文を読み、「プラスチックごみ問題についての複数の資料を関係付けて自分の考えをつくり、学校全体に発信しよう」と投げかける。そうすることで、「プラスチックごみ問題に対してどのような自分の解決策をつくるか」という単元を通して考える「問い」が生成される。

ポイント！「問い」のもたせ方

既有知識やニュース映像からプラスチックごみに対する問題意識を高め、互いが考える解決策の不十分さを実感させる。そこで、教材文や資料を紹介して活動のゴールを投げかけることで、単元を通して追究する「問い」や活動への意欲を引き出す。

②展開（第2～7時）

「教材文の筆者は、どのような問題、解決策、主張を説明しているのか」という「問い」の下で主張と事例の関係を捉えるために、「❶主張はどこか」「❷どのような事例（課題・解決策）がいくつあるか」「❸主張と事例はどのようにつながっているのか」の三点から話し合っていく。

次に、資料の情報を教材文の情報にどのように関係付ければよいのかを全体で話し合う。それぞれの児童に関係付けた考えを発表させ、情報のどのような点に着目したのかを出し合わせる。児童からは、「教材文と資料に共通して出てくる言葉」や「資料の情報が、教材文のどの課題を解決するのかに着目すること」等の関係付けのポイントが出されるだろう。その際、単に情報を組み合わせるだけでなく、「その解決策によって新たな問題は生じないのか」等、予測される事態に対する解決策を考えることで、「自分の考え」とさせる。その後、関係付けのポイントを基に、図書室の本やインターネット上の資料から自分が集めた情報と関係付けて考えをつくり直させる。

ポイント！「問い」の解決法

複数の資料の情報の関係付け方について全体で話し合う。その際、児童に自由に関係付けをさせて考えをつくらせた後で、情報のどのような点に着目したのかを出し合うことによって、関係付けのポイントとして学級全体で共有するようにする。

家族に対し、自分たちにできることを発信するパンフレットを書こう

発信しよう、私たちのＳＤＧｓ

領域：書くこと
教材収載：東京書籍

［宮原佳太］

1 教材の分析と予想される「問い」

本単元では、「相手や目的に応じて情報を集め、ＳＤＧｓに関するパンフレットを書いて発信する」という活動が設定されている。児童はこれまでに、反対の立場のことも考えて書くこと、自分の意見を支えるよう事実を関係付けて書くことなどを学習してきた。本単元においては、相手や目的を明確にし、伝える情報を吟味したり、キャッチコピー、文章、図表といった情報と情報の効果的な結び付け方を考えたりして書く力を身に付けさせたい。

単元の導入においては、まず、「ＳＤＧｓと自分たちの生活とのつながり」について、班ごとに十七の目標から一つを選択し、情報を集める活動を設定する。そして、家族はそれらの情報を知っているだろうかと問い、「家族に対し、自分たちにできることを発信するパンフレットを書こう」という活動目標をもたせる。次に、教科書のモデルを分析させることで、「自分たちの班が選んだテーマでパンフレットを書くには、どうすればよいだろう」等、最初の「問い」をもたせる。そこから、情報の収集と整理、構成の検討や役割分担、紙面の割り付け、文章の推敲と展開していく。中間評価の活動を設定することで、「どのような情報を載せるのが効果的か」「どのような表現にすれば、家族にとって分かりやすくなるか」といった、相手や目的に応じた情報の伝え方に関する「問い」へ更新させていく。

2 単元の概要：単元計画（全5時間）

①ＳＤＧｓについて調べ、活動目標をもつ。モデルの分析から、パンフレットでの情報発信に関する「問い」をもつ。
②選んだテーマに関する情報を集め、整理する。
③班で構成や役割分担、割り付けを考え、下書きを書く。
④下書きを見直し、パンフレットにまとめる。
⑤家族からの感想を基に、学習したことをふり返る。

3 単元の展開

①導入（第1時）

第1時では、SDGsについてパンフレットを書く、という活動目標をもたせる。SDGsの内容や重要性については ある程度理解していても、自分事として考えられている児童は少ないだろう。そのことを確かめた上で、「SDGsと自分たちの生活とのつながり」について、班ごとに十七の目標から一つを選択し、調べる活動を設定する。その後、「調べたテーマの現状や課題の深刻さを、家族は知っているだろうか」と問い、発信の必要性を感じさせる。

次に、パンフレットの書き方に関する「問い」をもたせる。教科書のモデルを提示し、そのよさを分析させる。「相手に合った情報」、「キャッチコピー、文章、図表の関係」といった効果的な情報の伝え方の具体をつかむことで、「自分たちの班が選んだテーマでパンフレットを書くには、どうすればよいだろう」等、最初の「問い」をもたせられると考える。

②展開（第2～4時）

第2時では、選択したテーマについてさらに調べる時間を設定する。第3時では、班でパンフレットの構成と役割分担を話し合わせる。その後、自分が担当するページの割り付けや文章の下書きを書かせる。第4時では、第1時で分析した効果的な情報の伝え方の具体を基に、下書きの自己評価をさせることで、「どのような情報を載せるのが効果的か」「どのような表現にすれば、家族にとって分かりやすくなるか」という新たな「問い」をもたせ、下書きを見直す活動を設定する。

ポイント！「問い」のもたせ方　自分の現状と活動目標との差を実感させ、改善に向かう「問い」をもたせる。

見直しをする際には、違うテーマを選んだ児童と交流する場を設定し、異なる立場から意見をもらうことができるようにする。その後、もらった意見を基に、パンフレットにまとめる。

ポイント！「問い」の解決法①　異なる立場の読み手から感想や助言をもらうことで、多角的な改善の視点を得ることができる。

③終末（第5時）

あらかじめ家族にパンフレットを読んでもらう。効果的な情報の伝え方に関する評価を交えて感想を書いてもらい、それを基に学習したことをふり返る。

ポイント！「問い」の解決法②　自分が選んだ情報や工夫した表現について相手から具体的な評価をもらうことで、児童が「問い」の解決を実感することができる。

自分の「問い」を追究し、自分が強く感じたことについて語り合おう

海のいのち

領域：読むこと
教材収載：東京書籍

［橋爪　克］

1 教材の分析と予想される「問い」

本教材には、海を舞台に中心人物の太一が、おとうや与吉じいさ、母との関わりの中で考え方や生き方を変化させ、成長する姿が描かれている。児童には、太一の心情や変化を考えることを通して、自分にとっての「海のいのち」の意味について考えさせていきたい。追究する「問い」を生成させるため、児童には左のような視点を提示する。

○人物の言動に関する問い（～した・言ったのはなぜか）
○人物の変化に関する問い（はじめ～だったのに、なぜか）
○表現や構成に関する問い（～とは何を表しているか等）

提出された「問い」は、児童と、太一（題名に関するものを含む）とその他の人物に分類・選択し、どの順に話し合うのか、学習計画を立てる。例えば、その他の人物に関する「問い」（「海のめぐみとは」、「千匹に一匹とは」、「村一番の漁師とは」等）について考えた後、太一に関する「問い」（「なぜクエをうたなかったのか」、「海のいのちとは」等）を児童同士が問いかけ合いながら話し合い、それぞれがこの物語から受け取ったものを考えていくという展開が考えられる。

2 単元の概要：単元計画（全9時間）

【第一次】
①②通読し、視点を基につくった「問い」を分類・整理し、追究する「問い」を選択する。

【第二次】
③選択した「問い」について自分で考えをつくる。
④⑤他の人物に関する似た「問い」を選択したグループで話し合い、その後、全体で話し合う。
⑥⑦太一に関する似た「問い」を選択したグループで話し合い、その後、全体で話し合う。

【第三次】

⑧⑨自分が強く感じたことや「問い」についてふり返る。

3 単元の展開（第5時）

①導入

似た「問い」を選択したグループで前時に話し合って出した自分たちの「答え」や、話し合う中で新たに生まれた「問い」について全体で確認する。そして、対人物たちと太一との関係やそれぞれが太一に与えた影響について考えるという本時の学習の見通しをもたせる。

ポイント！「問い」のもたせ方　グループで話し合う中で新たに生まれた「問い」は短冊に書き出させておき、教師から個々のグループに対して事前に「問い」のよさを伝えておく。そうすることで、児童は全体交流の中で積極的に問いかけ合うようになる。

②展開

まず、おとう、または与吉じいさに関する「問い」をもったグループの「問い」から全体交流を始める。理由は、片方の漁に対する考え方から、もう片方の考え方へとつなげ、両者の生き方の比較をさせたいためである。

例えば、「太一が与吉じいさに弟子入りしたのはなぜか」という「問い」から交流を始めた場合は、漁の場所や与吉じいさの熟練した技術が話題となる。その際、漁に対する考え方として、他のグループの「問い」である「千匹に一匹とはどんな意味か」の話合いへとつなげていく。そして、おとうの漁に対する考え方に関わる「海のめぐみとは何か」の「問い」について話し合った後で、「与吉じいさとおとうは何が違うのか」について考えるようにする（出ない場合は、教師から問いかける）。最後に、母に関する「問い」（「母の悲しみとは何か」）について交流し、三者の海に対する思いや生き方の違いについて考えさせるようにする。

ポイント！「問い」の解決法　話合いにおけるそれぞれの「問い」の取り扱い方については、まず一つのグループの「問い」と、自分たちの「答え」があれば「答え」を全体に問いかけさせる。問いかけられたことについて、各グループで話し合い、それぞれのグループから考えを出し合わせるようにする。その際、できれば全体に問いかけたグループの児童に話合いを進行させたい。教師は、次の「問い」へとつないだり、板書したりするようにする。

③まとめ

おとう、与吉じいさ、母の海に対する思いや生き方、それぞれが太一に与えた影響についての自分の考えを書きまとめさせる。また、最初に配付した分類・整理した「問い」の一覧を基に、次時のグループで考えたい太一に関する「問い」を見直し、改めて選択させるようにする。

文章を読み、宇宙や地球の未来についての考えを広げたり深めたりしよう

宇宙への思い

領域：読むこと
教材収載：東京書籍

［橋爪　克］

1 教材の分析と予想される「問い」

本教材では、宇宙に関わるそれぞれ異なる職業につく三人の宇宙や地球に対する思いが書かれた文章を関係付けながら、自分の考えを広げたり深めたりすることを促す。本単元では、三つの文章の内容を整理した上で、「三つの文章から相違点や共通点を見つけ、宇宙や地球の未来についての自分の考えと比べる」、「選んだ一つの文章から宇宙や地球の未来についての考えをつくり、他の二つの文章の内容から考えを付け加える」等の関係付けの方法で自分の考えを形成させる。また、形成した考えを基にウェビングマップを用いてグループを変えながら話合いを繰り返すことで、さらに自分の考えの広がりや深まりを実感させる。

まず、宇宙や地球の未来についての思いを出し合った後、活動計画について話し合い、「学習後に自分の考えはどう変わるか」という単元を通した「問い」を生成させる。

また、「役立ち度割合メーター」を用いて、自分の考えを形成する上でそれぞれの文章の役に立った割合を表現させることで、「私はそれぞれの文章についてどう感じたのか」という「問い」へ更新されていく。

2 単元の概要：単元計画（全6時間）

【第一次】

①宇宙や地球の未来について予想し、活動計画について話し合うことで単元を通して考える「問い」をもつ。

【第二次】

②考えのつくり方について確認し、全体で三つの文章の内容を大まかに整理する。

③自分の考えを形成する。

④⑤グループを変えながら話合いを繰り返す。

【第三次】

⑥単元の学習をふり返り、自分の考えの変化を自覚する。

3 単元の展開

①導入（第一次）

まず、宇宙や地球の未来についての思いを自由に児童に出させる。その考えを広げたり深めたりしていくために、三つの文章を使ったりグループで話し合ったりしていくことを教師から伝え、学習計画について話し合うことで、「単元を通して自分の考えはどう変わるか」という単元を通して考える「問い」を生成させる。

②展開（第二次）

三つの文章を使って考えを形成するには、「A 三つの文章から相違点や共通点を見つけ、宇宙や地球の未来についての自分の考えと比べる」、「B 選んだ一つの文章から宇宙や地球の未来についての考えをつくり、他の二つの文章の内容から考えを付け加える」等の方法があることを確認する。そして、全体で三つの文章の内容を大まかに整理し、「役立ち度割合メーター」を用いながら、自分の考えを形成させる。

ポイント！「問い」のもたせ方　「役立ち度割合メーター」（三つの文章に対し、考えをつくるのに役に立ったと思うものに九つの○を分けて書いたもの）を用いて表現させることで、自分の情報の関係付け方を自問させる。

考えを形成することに難しさがある場合には、AやB等の同じ関係付けの方法を選択した友達とペアやグループになって相談してもよいようにする。

それぞれがつくった自分の考えを基にグループで話し合う。三、四人一組のグループの中央に大きめの画用紙を配置し、画用紙の真ん中に「宇宙や地球の未来」と書かせておく。発表者は、自分の考えをつくるまでの過程（どの文章から何を考えていったか）を説明しながら、自分の考えを画用紙に書く。順に発表しながら、全員で自由にウェビングマップを作成していく。話合い後には、自分の考えがどのように広がったり深まったりしたのか見直させるとともに、「役立ち度割合メーター」（三つの文章に友達の名前を加えて、○を分けて書く）を用いて自分がどのように関係付けたのかをふり返らせる。

ポイント！「問い」の解決法　自分の考えをつくるまでの過程を説明したり、同じ関係付けの方法を選択したグループや異なる関係付けの方法を選択したグループでの話合いを数回行ったりすることによって、情報の関係付け方による自分の考えの変化を意識させる。

③まとめ（第三次）

導入段階での自分の思いと単元の中で変化していった自分の考えを比較させ、考えの広がり、深まりを実感させる。

自分が伝えたい相手に、六年間の感謝の思いを伝えよう

伝えよう、感謝の気持ち

領域：話すこと・聞くこと
教材収載：東京書籍

［橋爪　克］

1 教材の分析と予想される「問い」

本教材は、「話すこと・聞くこと」の六年間の最後の単元となる。六年間で学んだことの集大成として、これまで積み上げた言葉の力を活用してスピーチをさせることで、六年間の学習のふり返りと定着を図る。

まず、これまでの自分の成長や、成長に関わってくれた人々についてふり返り、「伝えたい内容や相手」を決める。そして、これまでの六年間で身に付けた言葉の力をふり返ったりモデルを見たりして、スピーチにおける「相手に思いが伝わる話し方」の手引きを作成する活動を位置付ける。そうすることで、「身に付けた言葉の力を生かしながら、どのように話せば、自分の思いを自分が伝えたい相手によりよく伝えることができるだろう？」という単元を通して考える「問い」が生成される。また本単元では、❶伝えたい相手や伝えたい内容❷活動計画や学習の進め方を自分たちで選択・決定させながら取り組ませる。そして、実際に練習や本番のスピーチを見合いながら、相互評価をしていくことにより、「自分は、何ができて何ができていないのか」という各個人の課題に対する「問い」へと更新されていくだろう。

2 単元の概要：単元計画（全5時間）

【第一次】

①これまで身に付けた言葉の力を整理したり、教師のモデルを見たりして自分の思いをよりよく伝える話し方について「問い」をもち、伝える相手や内容を決める。

【第二次】

②学習計画を立てる（家庭学習で、内容を考えてくる）。
③メモを作成し、聞き手を意識しながら話す練習をする。

【第三次】

④⑤スピーチを行い、自分のスピーチについてふり返る。

3 単元の展開

①導入（第一次）

六年間の出来事を映像等でふり返り、自分たちの成長を確かめる。「この成長を支えてくれたのは誰だろう」と問いかけ、卒業前に感謝の思いを誰に伝えたいか交流する。活動を通して、児童が、「私は○○を伝えたい」「○○さんに成長した姿を見てほしい」という強い願いをもてるようにする。伝える内容と相手を決めたら、スピーチモデルを見たり既習をふり返ったりして「話し方」と「話す内容」について「相手に思いが伝わる話し方」の手引きを作成する。そのような過程にすることで「身に付けた言葉の力を生かしながら、どのように話せば、自分の思いを自分が伝えたい相手によりよく伝えることができるだろう？」というたスピーチの仕方に向けた「問い」をもつことができる。

ポイント！「問い」のもたせ方　手引きの作成時は、教科書で学んだ言葉の力を一覧提示し、「今回のスピーチにはどの力が必要か」を問いかけ、選択させるようにする。

②展開（第二次）

六年間の集大成になる学習なので、課題解決までのプランを自分たちで考えるようにする。まず、既習経験をふり返り、学習過程に沿って「協働の場」「練習グループの編成の仕方」「練習の見合い方」等について児童が自分たちで計画を立てるようにする。

スピーチの構成や言葉の使い方、動作等、話すときの工夫を考えてスピーチメモをつくり、スピーチの練習をする。その際、教師は誰がどのようなテーマで取り組んでいるか可視化したり、児童同士で相談する場やタブレットで撮影する場を設けたりする等、児童が決めた学習計画に基づいて活動を支援する環境を整える。

ポイント！「問い」の解決法①　学習過程に沿った「相談する場」「小集団の編成の仕方」「練習の見合い方」について、これまでの学習を想起させながら、「…の場合はどうしたらいいか」「…は、何人で行ったらよいか」等を教師から投げかけ、集団決定させる。教師は、各学習過程でその活動計画に合わせた環境を整えるようにする。

③まとめ（第三次）

学級全体に向けてスピーチを行う。スピーチは録画しておき、伝えたい相手には録画したものを見てもらうようにする。スピーチについては作成した手引きを参考に相互評価を行い、単元の学習をふり返る際の参考にする。

ポイント！「問い」の解決法②　スピーチの仕方についてふり返ることができるよう、作成した手引きを評価の観点として相互評価を位置付ける。

未来に向かって

君たちに伝えたいこと／春に

領域：読むこと
教材収載：東京書籍

［橋爪　克］

1 教材の分析と予想される「問い」

「君たちに伝えたいこと」は、筆者が「時間を生かす使い方をすること」「自分を大切にすること」を伝えるために子どもたちと対話するように書いた文章である。筆者のメッセージは、児童がこれまでの自分を見つめ、これからどう生きたいかについて考えるきっかけとなるだろう。

「春に」は、新しい生活に向けて、自分の内の相反する思いを表現豊かに描いた詩である。卒業を控え、新しい生活に対する期待と不安を抱くこの時期の児童にとって、今の自分の揺れる思いと重ねて読むことができる教材である。

単元では、これまでの自分の成長や生き方について考えた学習をふり返り、これからの自分の生き方や卒業を控えた今の思いを見つめる。児童は、言葉にならない自分の思いに気付き、「これからの自分はどのような生き方をしたいか／今の自分はどのような思いか」という単元を通して考える「問い」をもつだろう。その後、「君たちに伝えたいこと」を読んで、筆者の問いかけに対して考えたことを交流して筆者に回答する形でこれからの自分の生き方について文章を書いたり、今の思いについて「春に」の続きの一連を考えたりする活動を仕組むことにより、「問い」に対する自分の考えを少しずつ明確にしていく。

2 単元の概要：単元計画（全4時間）

［第一次］
①単元を通して考える「問い」と学習の見通しをもつ。

［第二次］
②「君たちに伝えたいこと」を読み自分の生き方を考える。
③「春に」を読み、現在の自分の思いを表現する。

［第三次］
④文章から感じたことを交流し、単元の学習をふり返る。

3 単元の展開

①導入（第1時）

これまでの自分の成長や生き方について考えた学習をふり返り、「これからの自分の生き方」「卒業を控えた今の自分の思い」について児童に問いかける。すぐに発言する児童や言葉にできない児童等、様々な反応が予想される。教師から、教材文の書き手である日野原氏や谷川氏を紹介し、今の自分の考えを基に書き手や自分と対話して、その「答え」を見つけてみないかと投げかける。

ポイント！「問い」のもたせ方

「これからの自分はどのような生き方をしたいか／卒業を控えた今の自分はどのような思いか」を問いかけることで、今の自分の思いを見つめさせ、人生経験豊かな二人の書き手を紹介することで、対話して自分の考えをつくりたいという期待感をもたせる。

②展開前半（第2時）

「君たちに伝えたいこと」の学習では、筆者の文章に回答する活動を通して、「これからの自分はどのような生き方をしたいか」という「問い」について考える。まず、本文を読み、自分の感想や「問い」をＩＣＴで共有する。交流する中で、筆者が伝えたい「時間を生かす使い方をすること」「自分を大切にすること」を確認したり、筆者からの問いかけに自分ならどう答えるかを出し合ったりする。そして、それぞれで作者と対話しながら考えたことを教科書に直接書き込むようにする。最後に、これからの自分がどのような生き方をしたいのかを書きまとめる。

③展開後半（第3時）

「春に」の学習では、続きの最後の一連を考えることで、今の自分の思いを表現する。まず、詩を読んで感じたことを出し合う中で、複雑な思いが描かれていることを確認する。そこで、自分の中にある思いについて複数の対照的な人物が対話する形でノートに表現するように促す。書いた対話の文を小集団で見せ合いながら感じたことを交流する。最後に、詩の最後の「この気もちはなんだろう」に続く一連を考え、そこに込めた思いを記述する。

ポイント！「問い」の解決法

筆者との対話や自分の中にある複数の思い同士で対話をする活動を設定することで、自分の思いを見つめ、整理できるようにする。

④まとめ（第4時）

この単元の学習で考えたことを基に「新生活に向けた意志」を書きまとめる。書きまとめた児童から自由に席を立って交流し、考えを広げることができるようにする。

〈参考文献〉山田深雪・河上裕太「「複数の自己」への寛容を目指す文学の授業実践—戯文という方法論を用いて—」『国語科教育』91巻、二〇二二

【編著者紹介】

立石　泰之（たていし　やすゆき）

東京学芸大学卒業。福岡県公立小学校教諭，広島大学附属小学校教諭，福岡県教育センター指導主事を経て，現在，筑紫女学園大学准教授。全国大学国語教育学会，日本国語教育学会会員。

【著者】

実践国語教師の会

［事例執筆者］

中河原絵里　福岡教育大学附属福岡小学校
星野　直樹　福岡県那珂川市立南畑小学校
川上　由美　元山口県公立小学校
國本　裕司　福岡県大任町立今任小学校
矢野　裕紀　福岡県朝倉市立三奈木小学校
吉田　昌平　福岡県久山町立山田小学校
宮原　佳太　福岡県古賀市立古賀西小学校
田中　充　福岡県朝倉市立立石小学校
橋爪　克　福岡県古賀市立舞の里小学校

子どもの「問い」で授業をつくる
―「問い」を引き出し，展開させる国語授業―

2024年９月初版第１刷刊　©編著者　立　石　泰　之
著　者　実 践 国 語 教 師 の 会
発行者　藤　原　光　政
発行所　明治図書出版株式会社
http://www.meijitosho.co.jp
（企画）林　知里（校正）西浦実夏
〒114-0023　東京都北区滝野川7-46-1
振替00160-5-151318　電話03（5907）6703
ご注文窓口　電話03（5907）6668

＊検印省略　組版所　長 野 印 刷 商 工 株 式 会 社

Printed in Japan　ISBN978-4-18-362521-2